U0100454

大展好書　好書大展

品嘗好書　冠群可期

實用武術技擊 31

實用短棍術

劉勇　李春木　著

大展出版社有限公司

前言

棍是武術十八般兵器的一種，有長棍、齊眉棍、鞭杆、短棍、雙節棍、三節棍之分。短棍因取材容易、攜帶方便、實用性強的特點，自古以來就是人們防身自衛的有效武器。

這套短棍術是我們在長期從事高校武術教學過程中，感悟中國傳統武術技藝精髓，在傳統棍術的基礎上，結合警棍術的實用方法創編而成的一個應用型套路。

此套短棍術內容豐富，技法乖巧，實用性強，不光包括了傳統武術的劈、掃、撩、戳、頂、點、挑、格、擋、架等基本棍法，還有纏、鎖、別等擒拿方法。該套路共分四段，每段均有10個動作，加上起收勢共有42個動作。每段最後一個動作後邊加一個收勢動作，均可獨立成段，方便教學和練習。該套短棍術敘述上採用一個動作配一個實用方法，有利於記憶。

本套路動作簡單，樸實無華，易於學練，不論有無武術基本功均可學練。練習該套短棍術既可作爲生活中健身鍛鍊的運動項目，又可作爲抗暴防身的技藝，也可作爲格鬥教材運用於軍警訓練。

在套路編寫成書的過程中，張廣輝參與了大量的創編過程，鄭帥與李苗苗進行了動作示範，趙博擔任攝影和圖片處理，對於他們的辛勤勞動，在此表示衷心感謝。由於水準有限，該套短棍術在編排的過程中難免存在著一些不足之處，希望讀者和有關專家批評指正。

編　者

目錄

第一節　短棍概述

一、棍的質地、規格

短棍的材料以白蠟杆為最佳，也可用其他硬質木、橡膠、鋁合金等材料製成；短棍長度一般在50公分左右，直徑2～2.5公分。（圖1）

二、各部位名稱

一般棍體呈一端稍粗，另一端稍細；粗的一端為把端，細的一端為梢端；整個短棍又分為三段，即把段、中段、梢段，各部位名稱見圖1。

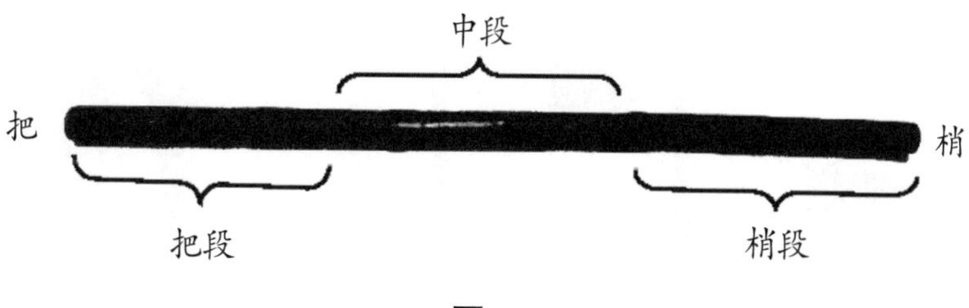

圖1

三、短棍的基本握法

(一)單手握法

單手握棍的方法有4種。

(1)正握：一手握於棍把段，虎口所對方向為梢端，小指所對應方向留2公分的空隙。（圖2）

(2)中握：一手握於棍中端，棍兩端距離相等。（圖3）

(3)反握：一手握於棍把端，小手指所對方向為棍梢端，虎口所對應棍把端留2公分的空隙。（圖4）

(4)背棍：握法與反握棍法要求一致，不同的是要直臂扣腕，將棍身置於臂後，棍身緊貼於臂。（圖5）

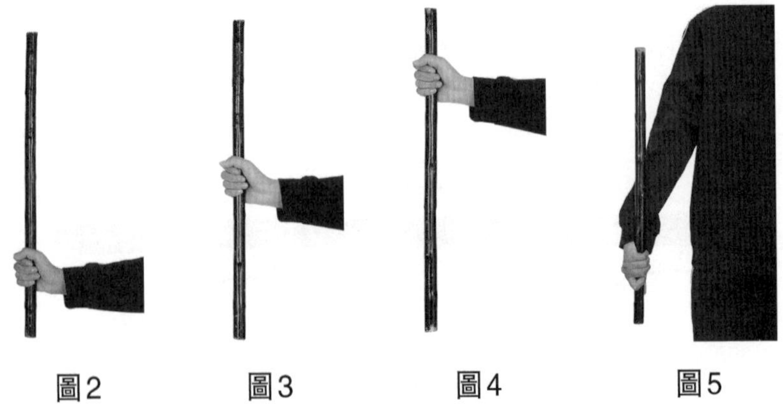

圖2　圖3　圖4　圖5

（二）雙手握法

雙手握棍的方法有5種。

（1）正握法：雙手左上右下握於棍把端，虎口方向相同朝向棍梢，右手虎口與左手手指緊靠在一起，右手小指所對應方向留2公分的空隙。（圖6）

（2）一端正反握法：雙手虎口緊貼在一起，握於棍把端，握於把端手的小指所對應方向留2公分的空隙。（圖7）

（3）分手正握法：雙手分開握於棍的兩端，虎口均朝向棍梢端，握於把端手的小指所對應方向留2公分的空隙。（圖8）

（4）開手正反握法：雙手分開握於棍的兩端，虎口均朝向棍中，小指所對應方向留2公分的空隙。（圖9）

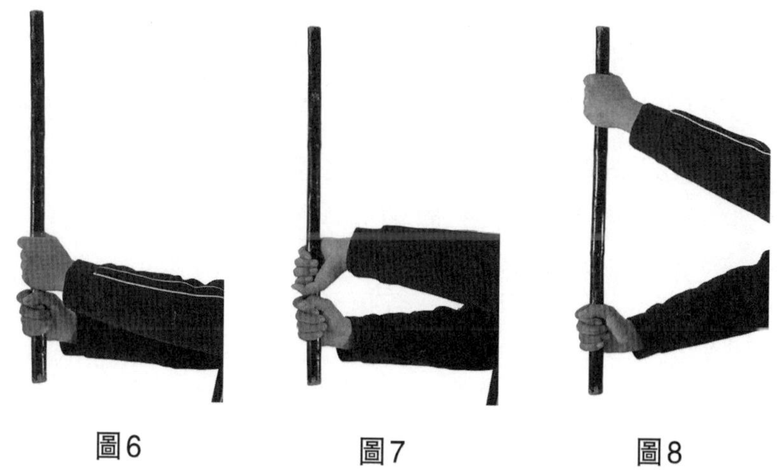

圖6 圖7 圖8

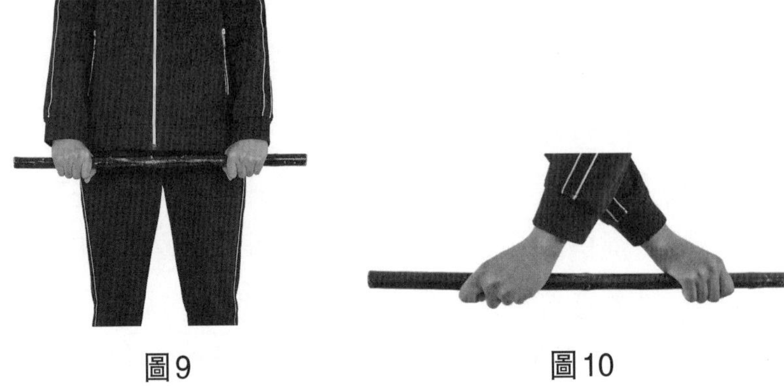

圖9　　圖10

（5）交錯手握法：右手心向上握於棍把端，左手由右臂下穿出，手心朝下握於棍中端，虎口朝向棍梢。（圖10）

四、握棍的基本手型

（1）滿把握：手握棍身，拇指壓於食指第二指節上，其餘四指併攏緊握棍身，見圖2。

（2）鉗把握：虎口挾持，食指環扣棍身，拇指壓於食指第一指節處，其餘三指鬆握棍身。（圖11）

（3）螺把握：手握棍身，由小指、無名指、中指、食指依次微凸起呈螺型，拇指壓於食指指端上。（圖12）

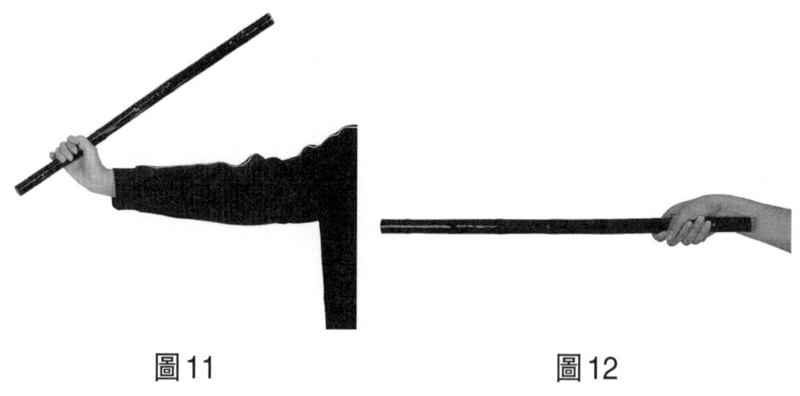

圖11　　圖12

五、短棍的基本技法

(一)點　擊

單手滿把正握棍把端，手腕突然放鬆上提成螺把，使棍梢由上向下啄擊（以右手持棍為例，以下同之）。（圖13-1、圖13-2）

圖13-1　　圖13-2

【要點】動作突然，短促用力，力點達棍梢。

【應用】點擊多應用於擊打對方持器械的手腕和顏面部。

(二)劈　擊

單手或雙手正握棍把端，棍梢端由上向下猛擊，稱為正劈（圖14-1、圖14-2）。棍梢端由右（左）上方向左（右）下方斜擊，稱為斜劈。著力點在棍梢部。（圖14-3、圖14-4）

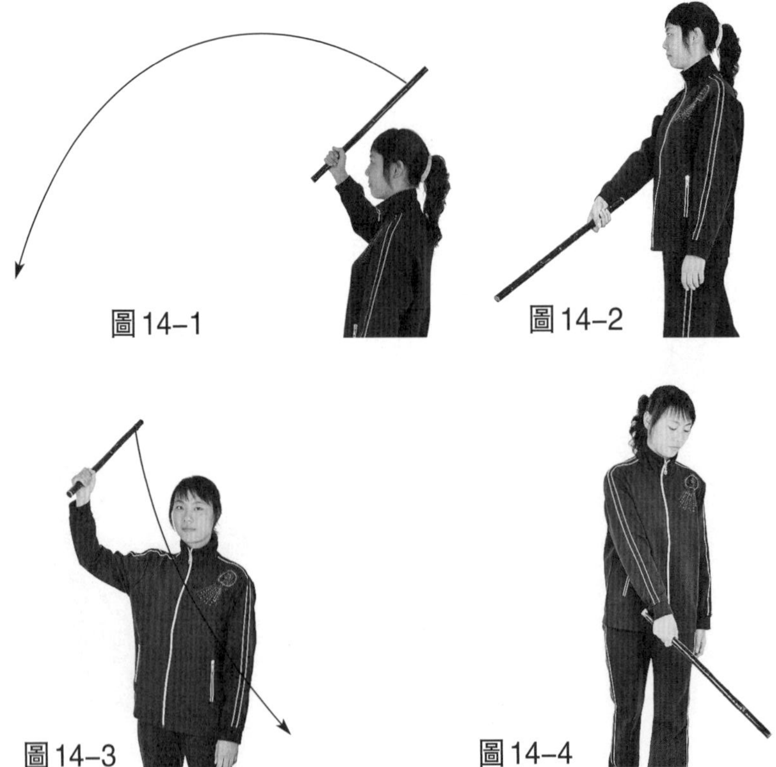

圖14-1　圖14-2　圖14-3　圖14-4

【要點】動作幅度大，勁力猛。

【應用】短棍的劈擊應用方法較為廣泛，擊打部位根據方向的不同，可分為正劈擊打頭、肩部位；斜劈擊打頭的側面和頸部，以及擊打對方持器械的手臂。

(三)掃　擊

右手螺把正握棍把端，手心朝下，由身體的左側以肩帶臂，肘關節由屈到伸向右前方橫向擊出，著力點在棍前部。根據掃擊的部位不同，又分為上、中、下3種掃法。（圖15–1、圖15–2）

【要點】上掃不過頭，中掃不過髖，低掃不高於膝；動作輕快，力達棍前端。

【應用】掃擊根據擊打的部位，上部掃擊主要攻擊對方頭的側面，中部掃擊主要攻擊對方軀幹和手臂部位；下部掃擊主要攻擊對方的小腿部位。

圖15–1　圖15–2

(四)撩　棍

棍沿身體側面畫立圓，由下向上掃擊的棍法稱為撩棍。根據撩擊的方向不同，又分為向前撩和向後撩擊。（圖 16–1、圖 16–2）

【要求】速度要快，力達棍前端。

【應用】撩棍根據手持棍發動時的部位不同，應用也不盡相同。圖例中的持棍手由上開始，可以防守身體側面受到的攻擊，而後向前撩擊對方的襠部、腹部和下頜部，是一個連削帶打的動作。直臂垂棍由體側發動的，一般情況下隱蔽性較強。可用於主動攻擊對方的襠部、腹部、下頜部以及對方持器械的手臂；後撩主要攻擊對方的襠部。

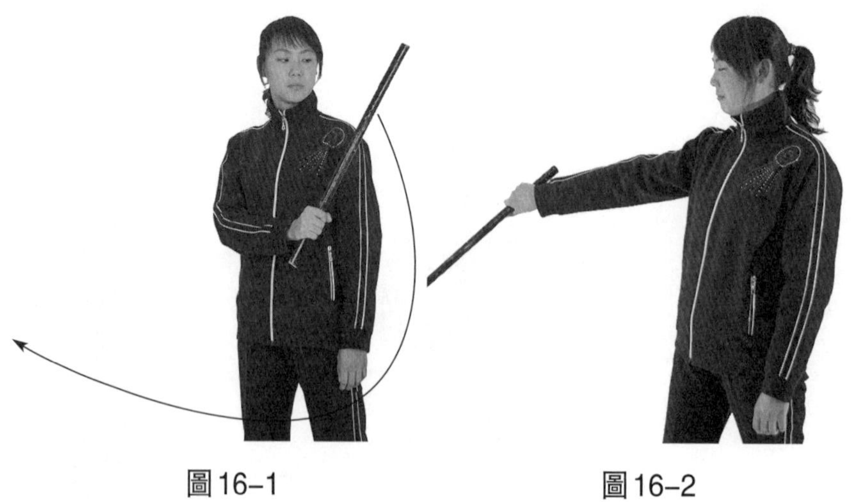

圖 16–1　圖 16–2

圖17-1

圖17-2

(五)掛　棍

用棍梢由前向下、向側後方撥擺的動作稱為掛棍。（圖17-1、圖17-2）

【要求】棍要貼近身體，快速有力，力達棍前端。

【應用】掛棍主要應用於防守，用棍子的前中部位將對方的器械向外擋出。

圖18–1

圖18–2

(六)擋　棍

兩手握棍兩端，使棍身豎直在身前向左（右）擋攔。（圖18–1、圖18–2）

【要求】動作要快速有力。

【應用】擋棍是防守技法，主要是應用於對方橫向掃擊以及直擊時，及時豎棍將對方的拳、械防擋在身體以外。

圖19-1

圖19-2

(七)格　棍

一手握棍把端，棍身豎直在身前向左（右）格擋。動作過程基本上同擋棍，力達棍的中上段。（圖19-1、圖19-2）

【要求】豎棍要快速，向外要用力。

【應用】格棍與擋棍不同之處在於，擋棍是承接、外引、減緩對方的打擊力量；而格擋則是防守的同時向側用力磕擊對方，不光具有防守作用，而且具有打擊和震盪對方的目的。

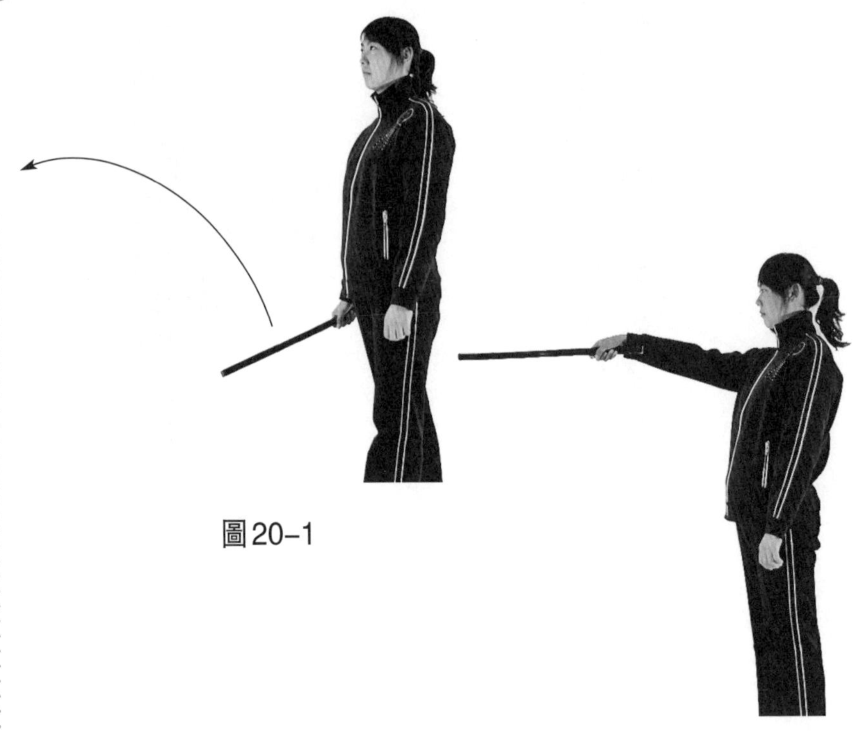

圖20-1

圖20-2

(八)戳　棍

用棍梢直線向前戳擊。（圖20-1、圖20-2）

【要求】動作要快速有力。力達棍頂梢端。

【應用】戳擊棍法主要應用於主動攻擊對方和防守後的反擊。戳棍一般速度較快，但力量不大，以攻擊對方的面喉部為主。

圖21-1

圖21-2

(九)頂　棍

用棍把端直線向前戳擊。（圖21-1、圖21-2）

【要求】身體重心前移要快，要求動作要快速有力。力達棍把端。

【應用】頂棍技法多用於主動進攻之中。配合好身法和步法，威力無比。頂擊多以對方的腹部為攻擊目標，其次為胸部。

圖22-1

圖22-2

(十)挑　棍

兩手握棍，棍的一端由下向前上方挑起。（圖22-1、圖22-2）

【要求】動作要快，力達棍梢。

【應用】挑擊棍法主要應用於主動攻擊對方，直臂垂棍由體側發動的，一般情況下隱蔽性較強。可用於主動攻擊對方的下頜部。

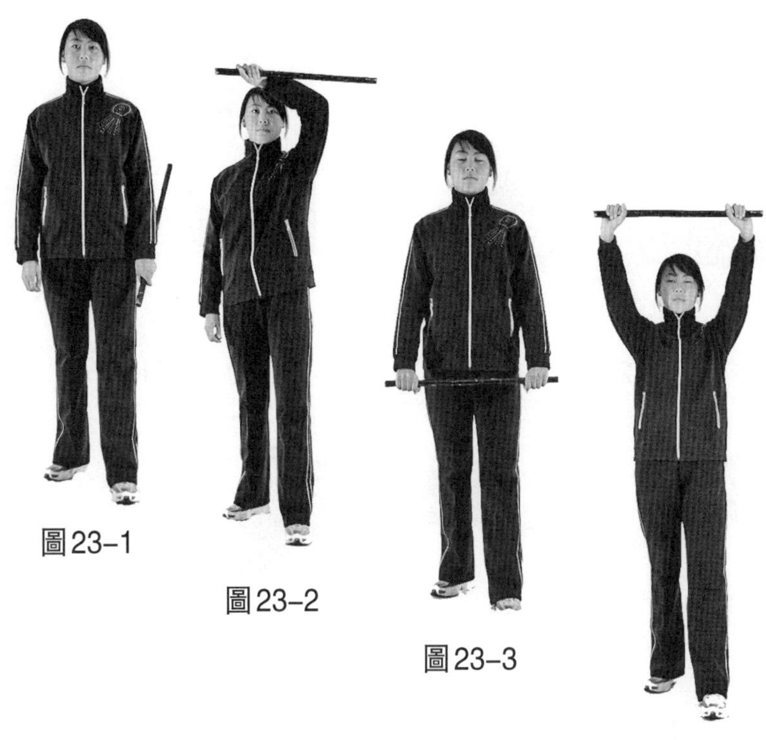
圖23–1 圖23–2 圖23–3 圖23–4

(十一)架　棍

棍身橫平或傾斜，由下向頭上舉起。（圖23–1—圖23– 4）

【要求】動作上舉要快，棍高於頭。

【應用】架棍主要是用於防守對方用器械由上向下的劈擊，以及架防對方攻擊我中上部的直擊。架棍分單手架和雙手架兩種。具體運用哪種方法上架，主要是根據當時是一手持棍還是兩隻手持棍。

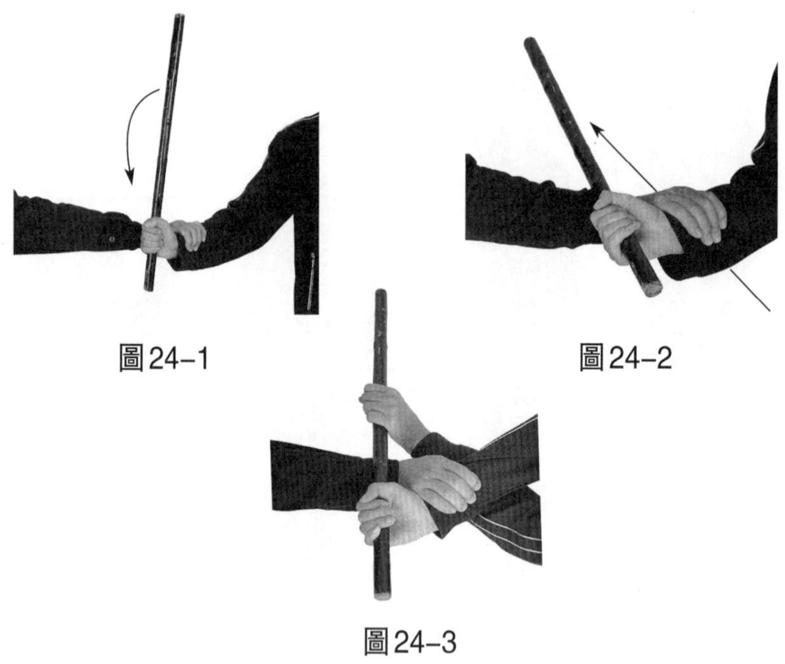

圖24-1

圖24-2

圖24-3

(十二)鎖　棍

持棍手旋轉手腕使手心向上，另一手由前臂下穿出手心向下抓握住棍子，雙手用力後帶並下壓。（圖24-1—圖24-3）

【要求】旋腕纏繞要快，另一手配合及時，鎖拿要緊。

【應用】鎖棍是纏繞擒拿對方關節的技法。我持棍手腕被對方抓握後，我旋轉手腕，在另一手的配合下，利用棍子扣壓住對方的手腕。

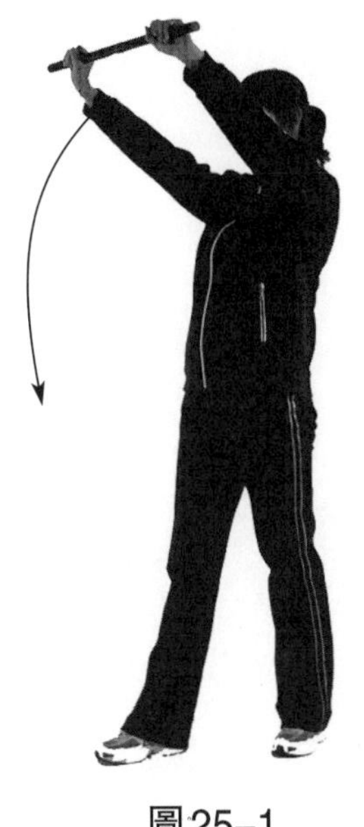

圖25–1

圖25–2

(十三)壓　棍

兩手握棍，棍身橫平，由上向下按壓。（圖25–1、圖25–2）

【要求】下壓要快，力量要猛。

【應用】壓棍技法是配合其他動作運用的。一般情況下在對方受到擊打而導致彎腰，身體前傾時，用棍由上向下壓其後頸部；或者對方受到擊打導致身體後仰時，再用棍由上向下壓其喉部。在其喉部和後頸部壓棍，輕壓後帶可致其倒地，重壓猛擊可致傷殘。

第二節　套路說明及實用方法

(一)準備姿勢

兩腳併步成立正姿勢，左手持棍端背棍於前臂後，棍身緊貼前臂；右臂自然垂於體側，上體保持正直，目視前方。（圖26）

(二)預備姿勢

兩臂微上提，前臂稍內旋屈肘，右手握拳，拳心朝後，拳背向前；頭稍向左轉，目視左前方。（圖27）

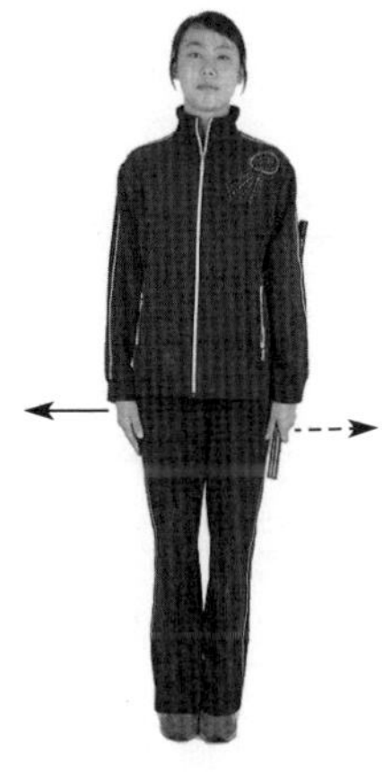
圖26

圖27

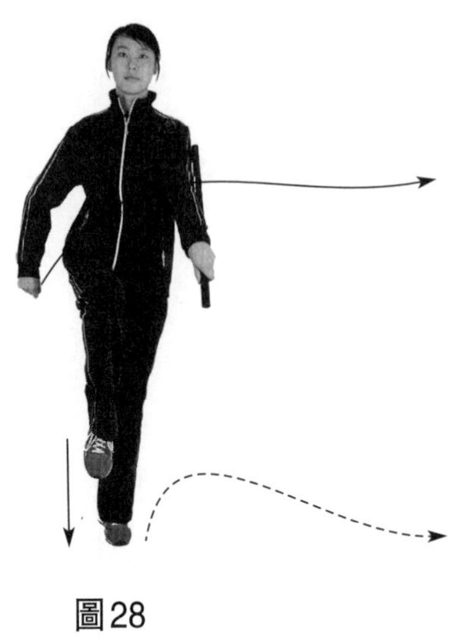

圖28

第一段

(一)震腳推掌

（1）右腿屈膝在體前提起，左手持棍向前直臂抬起約30°。（圖28）

（2）右腳原地震腳落步，隨即左腿提起向左側上一步，屈膝半蹲，右腿伸直，成左弓步；同時身體左轉，左手持棍向左畫弧置於體側後位；右手成掌手指朝上，坐手腕由腰間向左前方平直推出；目視右掌前方。（圖29）

圖29

【要點】右腳原地震腳要用力，震腳與左腿提膝要同時完成；推掌時勁力要達掌外沿。

【實用方法】這個動作有兩個使用方法。

（1）我左腳在前側對歹徒，歹徒用刀刺向我的腰部。我用背於左臂後的棍子的中間部位由前向左後擋出，接著我左腳上前一步，右手擊打歹徒的頸部。（圖30—圖33）

（2）我左腳在前側對歹徒，歹徒用刀刺向我的腰部。

圖30

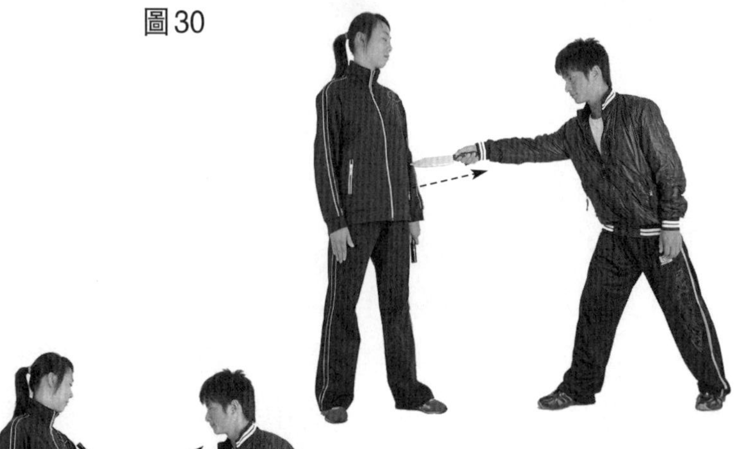

圖31

圖32

圖33

圖34

我左臂向前抬起，將歹徒刺向我腰部的刀子向右防出。接著我左腳上前一步，右手擊打歹徒的頸部。（圖34—圖36）

圖35

圖36

圖37

(二)進步側擊

右腳向前一大步，右腿屈膝成右弓步；左臂屈肘至胸前平屈，棍靠於前臂外側，棍梢朝前；同時右臂體右側平屈肘，前臂旋外，掌心向內、虎口朝前握住左手虎口前的棍端；目視正前方。（圖37）

【要點】左手持棍側擊時要向右轉腰順肩，力達棍梢。

【實用方法】我左手背棍，兩腳平行站立，身體正面面對歹徒。假設歹徒左手持械攻擊我腰部，我右手抬起由上向下拍擊歹徒左手腕，繼而抓住其手腕向右撥帶。接著我左手背後持棍屈肘上抬，用棍的末端擊打歹徒右側頸部或頭部。（圖38—圖40）

圖38

圖39

圖40

圖41

(三)上步戳棍

左腳向前一大步，左腿屈膝，成左弓步；左手鬆棍變掌，掌心朝上，上架於頭前上方；同時右手持棍用棍子的末端向前戳出；目視前方。（圖41）

【要點】左腳上步時，右手持棍不要隨身體前移，而是要稍向後引後再用力前戳。戳棍速度要快，力達棍端。架掌與戳棍要同時完成。

【實用方法】假設歹徒用器械由上向下劈擊我頭部，我左手屈肘上架，右手持棍向前戳擊歹徒面部。（圖42—圖44）

註：在徒手屈臂向上架防歹徒棍棒或手臂時，上架的前臂不能平屈架放在頭頂上方，而應該是手高肘低的

圖42

圖43

圖44

圖45

圖45附圖

姿勢。這樣的架防姿勢有兩個用處：（1）歹徒器械擊打在我傾斜的前臂上會向下滑動，可使歹徒由上向下的直接擊打力得到分解；（2）歹徒器械擊打在我傾斜的前臂上向下滑動，我可順勢翻動前臂纏抱住歹徒器械，有利於我防守後的反攻。

(四)防左撩擊

（1）重心前移至左腿，膝關節伸直；右腿向前提起，大腿與地面平行，小腿下垂，腳尖內扣；同時右臂屈肘回收，右手屈腕手心向內，棍梢朝上，豎棍向左後方格出；隨棍勢身體左轉90°；左掌下落至胸前，手心朝外，手指扶於右手腕內側；目視身體右側。(圖45、圖45附圖)

圖46

（2）右腳向右前方上一大步，成右弓步；右手持棍經身體左側向下、向前撩出，左手扶於右臂內側；目視右前方。（圖46）

【要點】豎棍左外格要用力，與身體左轉要同時進行；撩棍時棍要貼近身體，勁達棍前部。

【實用方法】歹徒用械由右向左橫擊我肩側部位，我右手持棍屈肘坐腕，使棍子豎立，由身體右側經前向左側擋擊，而後右腳上前一大步，右手持棍由左向後、向下、向前撩擊歹徒襠部。（圖47—圖49）

圖47

圖48

圖49

（五）側防斜劈

（1）左腳向前一大步成左弓步；右手腕稍外翻棍頭斜向下，右臂屈肘上抬至頭前上方，同時左手由腰間向前伸出，手指向前，手心向外；目視左前方。（圖50）

（2）左手上架於頭上，掌心向上，手指向右；右手持棍棍身貼近身體從左肩處向後、向右環繞，由右肩上方斜向左前方劈出；目視前方。（圖51）

圖50

圖51

【要點】右手棍在斜架時要快，左臂前伸要直；右手棍在隨後的繞肩斜劈中棍子要貼背而行，棍子到右肩上方後，就要向左前方劈出，力達棍端。

【實用方法】歹徒持械斜劈我左側頸部，我右手持棍斜架於體左側上方，左手前伸抓握住歹徒左手腕器械，而後右手持棍順勢繞過左側肩部，經背後至右肩上方出棍，向前斜劈歹徒左側頸部。（圖52—圖54）

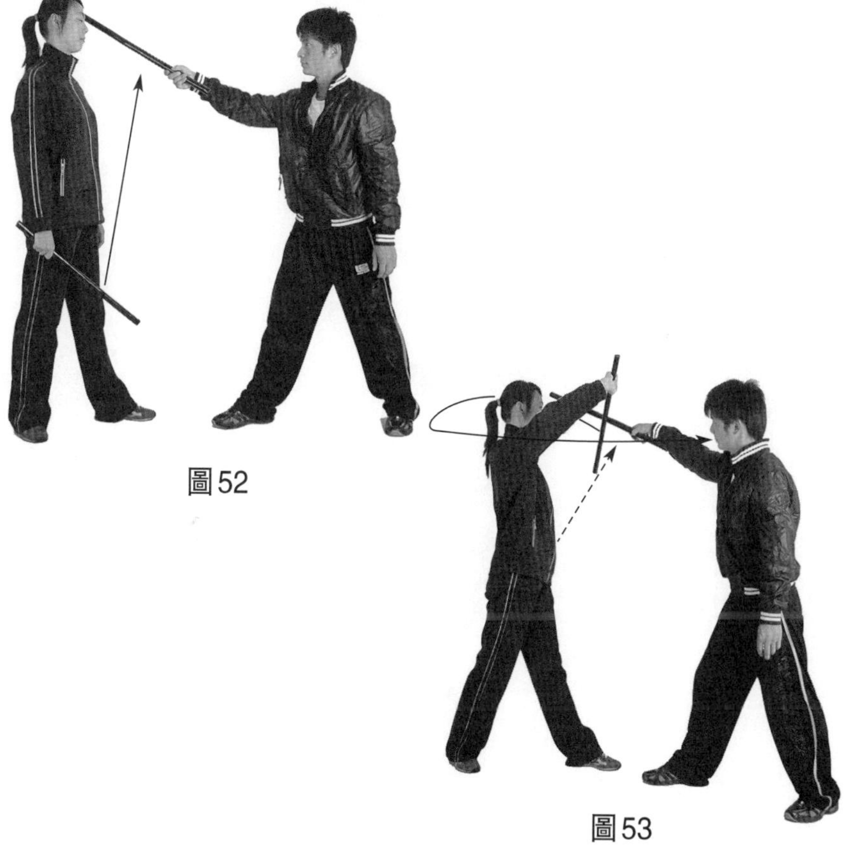

圖52

圖53

圖54

(六)抓棍側擊

(1)身體重心稍後移，右腿稍彎曲，左腳擦地回收約半步；右手持棍屈肘回收至腰間，左手由上下落，手心朝下抓握棍的另一端。(圖55)

圖55

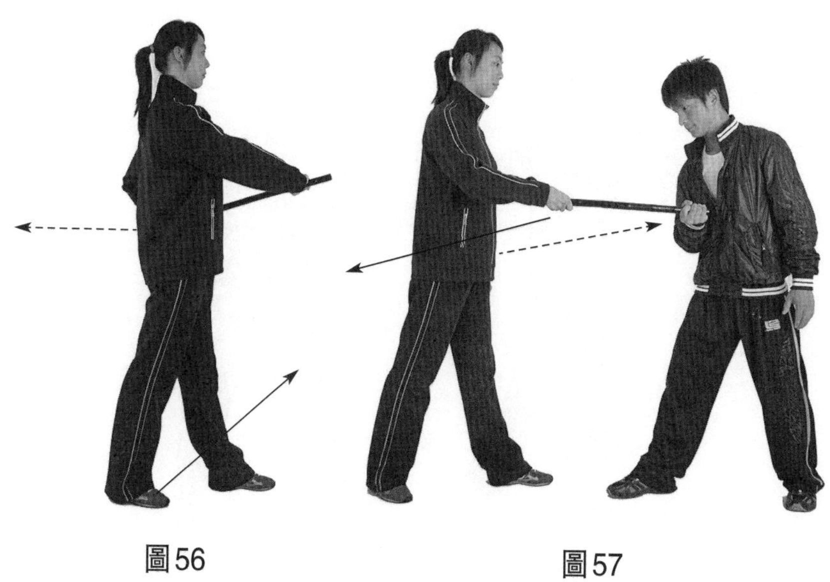

圖56　　圖57

（2）左手用力回帶並下按；身體重心前移，右腿伸直，左手持棍回收至左側腰間，同時右手持棍由腰間向前上方推擊；目視前方。（圖56）

【要點】右手持棍回撤與身體後移要同步，左手接棍回帶與右手持棍向前推擊要同時發力。

【實用方法】我右手棍在擊戳歹徒時，棍頭被歹徒右手抓住，我右臂屈肘回收，左手前伸抓住歹徒握棍之手虎口處，使歹徒手被我控制在棍子上不得掙脫，隨即我左手向左側猛力回拉。其目的一是致歹徒右手腕極度背伸產生劇痛；另一個目的是使歹徒身體重心被迫移動，而無法進行有效的反攻。在左手回拉的同時，右手持棍向前猛推，用棍的末端擊打歹徒頭頸部。（圖57—圖59）

圖58

圖59

圖60

(七)頂棍前點

（1）雙手持棍向身體左側回收，身體隨之左轉；同時身體重心移至左腿，右腿提膝抬起。（圖60）

（2）身體重心前移，右腳向前上一大步成右弓步，隨身體重心前移之勢，右手鬆握棍梢向後滑把露出棍端之後，雙手持棍向前方猛力頂出。（圖61）

（3）左手鬆棍變拳收回腰間；右手持棍向外翻腕前壓使棍頭由身體左側向上、向前點擊；目視前方。（圖62）

【要點】

（1）移重心與收棍動作要一致；右腳落步與棍子前頂要同時到位；

圖61

圖62

（2）右手翻腕前點時，手腕有下沉動作，棍子要走立圓，力達棍梢。

【實用方法一】我正面站立對歹徒，雙手持棍垂於體前，歹徒雙手持械由上向下劈擊我頭部，我迅速弓身前伏，右腳向前一大步，雙手持棍向前（右手在前）頂擊歹徒腹部。當歹徒被我擊中腹部，弓身後退，低頭護痛時或者為躲避我攻擊而採用收腹後退時，我立即左手鬆棍，右手持棍向外翻腕，用棍梢部由上向前點擊歹徒面部。（圖63—圖65）

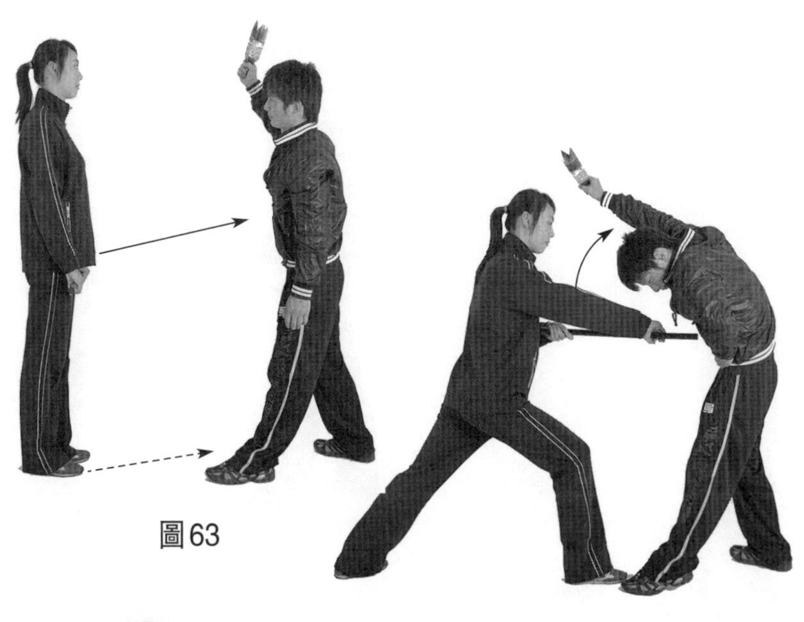
圖63

圖64

圖65

【實用方法二】我右手持棍由左向右平掃時，被歹徒右手抓住手腕，我右臂下沉，前臂外旋手腕外翻，用棍末端別壓歹徒手腕，迫使歹徒鬆手，繼而用棍梢端點擊歹徒面部。（圖66—圖68）

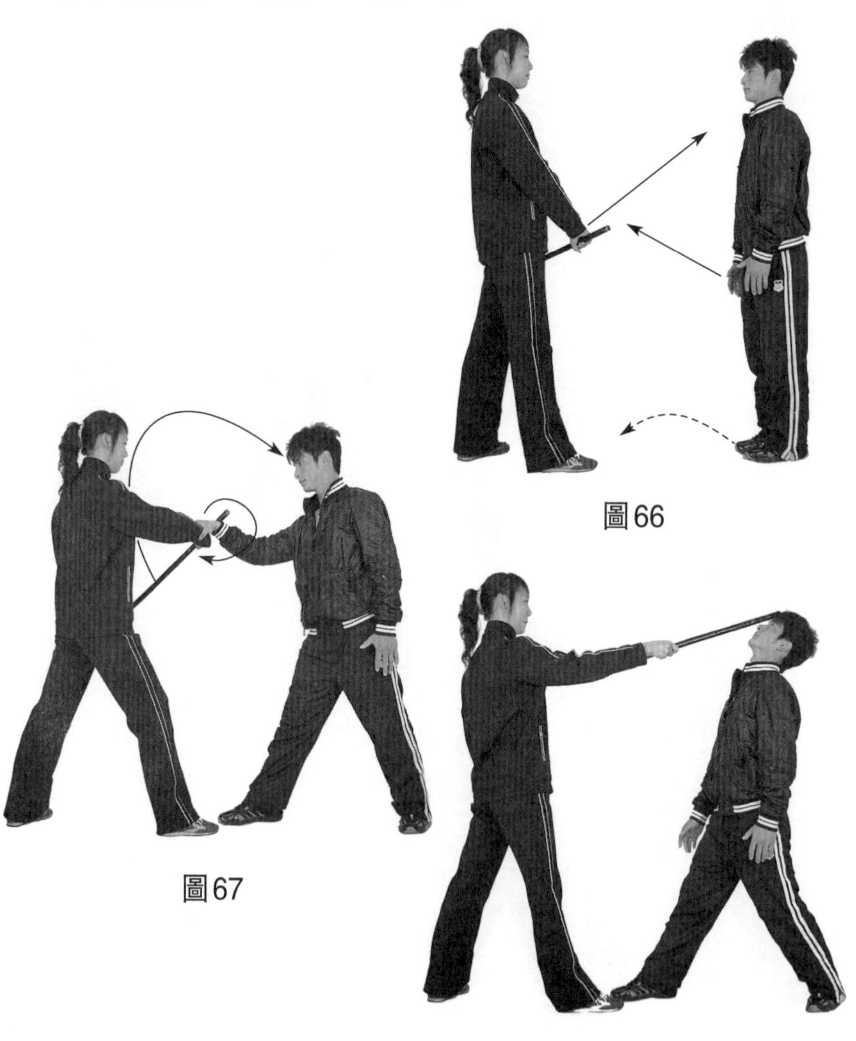

圖66

圖67

圖68

(八)撩棍平掃

（1）身體左轉180°，右腿伸直，左腿膝關節彎曲，成左弓步；左手由右向下、向左畫弧至左前方；右手持棍由右側向下、向左前方撩擊，力達棍梢，待棍撩至左前方時左手横掌，小指一側向前，由上向下拍擊右手前臂；目視左前方。（圖69）

（2）身體右轉90°，左腿屈膝全蹲，右腿伸直平仆，兩腳全掌著地成右仆步；右手持棍由左前方向前、向右下掃擊至右腳上方；左手上舉，掌心向上架於左上方；目視右前下方。（圖70）

【要點】左轉體時要快，撩棍要貼近身體；右轉體仆步掃棍要突然有力，力達棍梢。

【實用方法】這是我右手持棍對付分別站立我身體兩側歹徒的動作。當左側之歹徒右手持匕首向前刺我

圖69

圖70

圖71

時，我身體左轉用左臂向外格擋歹徒持匕首之臂，右手持棍由下向左、向上撩擊歹徒襠部。此時右側之歹徒定會趁機上步向我發起攻擊，我乘機突然下蹲，身體右轉成右仆步，右手持棍由左肩上方向右側掃擊歹徒小腿。（圖71—圖73）

圖72

圖73

(九)上步劈棍

（1）上體抬起，重心前移，右腿屈膝左腿蹬直成右弓步；右手持棍坐腕屈肘至身體左側，棍頭斜指左下方；左臂屈肘於胸前，左掌手心向前，手指向上搭於右

手腕處；目視左前方。（圖74）

（2）身體重心前移，左腳向前一大步，左腿屈膝右腿蹬直成左弓步；右手持棍上舉，左手隨之上舉在頭側握住右手，雙手持棍由頭上方向前劈出，力達棍梢；目視前方。（圖75）

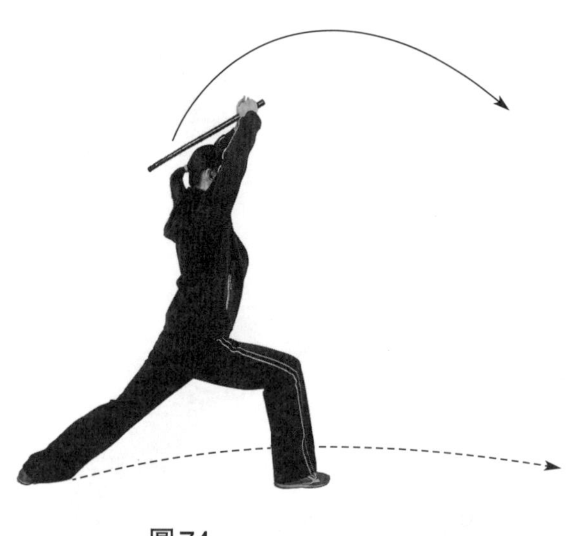

圖74

圖75

【要點】移身體重心與右手棍斜架要同時完成，右手要高舉過頭頂；左腳上步與雙手握棍、向前劈棍要協調連貫，劈棍要有力。

【實用方法】我右手持棍與歹徒對面站立，歹徒用械由右上斜劈我左側頸部，我右臂屈肘持棍上抬，斜架於左肩上方向外格擊，為防歹徒之攻擊過大，我一手格架不住，左手亦隨右臂格架時扶撐在右手腕處。在格架之後，乘歹徒手尚未收回之際，我左手握於右手之上，雙手持棍上舉過頭，迅速上左步，將棍由上向下劈擊歹徒頭部。（圖76—圖78）

圖76

圖77

圖78

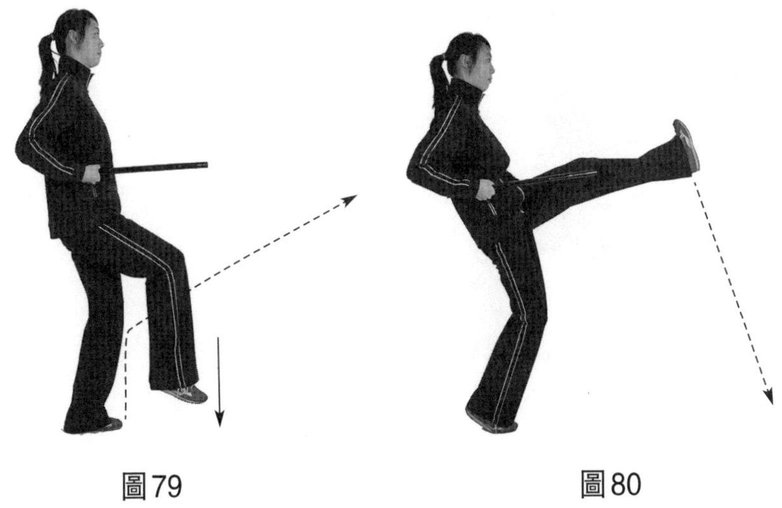

圖79　　　　圖80

(十)蹬腿前戳

(1) 身體重心前移，左腳蹬地提膝跳起使身體騰空，右腳迅速跟進落於原左腳位置，左腳腳尖鉤起向前上方挺伸膝關節，力達腳跟；同時雙手回撤，左手鬆棍收回左腰間，右手持棍收至右側腰間，棍頭向前；目視前方。(圖79、圖80)

(2) 左腳向前一大步落地，右腳迅速跟進落於左腳內側，兩腿膝關節彎曲成半蹲；右手持棍前伸棍頭向前，左手於胸前握住右手，兩手合力向前戳擊；目視前方。(圖81、圖82)

【要點】右腳跟進要快，左腳提膝要高於髖，蹬伸要有力；左腳上步前落距離要適中，雙手合力前戳要有爆發力。

圖81

圖82

【實用方法】我左腳在前，雙手用棍攻擊歹徒時棍梢被歹徒抓住。我兩臂屈肘回拉棍，同時右腳向前墊步，提左腳向前蹬擊歹徒腹部。當歹徒收腹鬆棍後退之際，我左腳向前落步，右腳跟進落於左腳旁屈膝半蹲，兩手持棍向前戳擊歹徒腹部。（圖83—圖85）

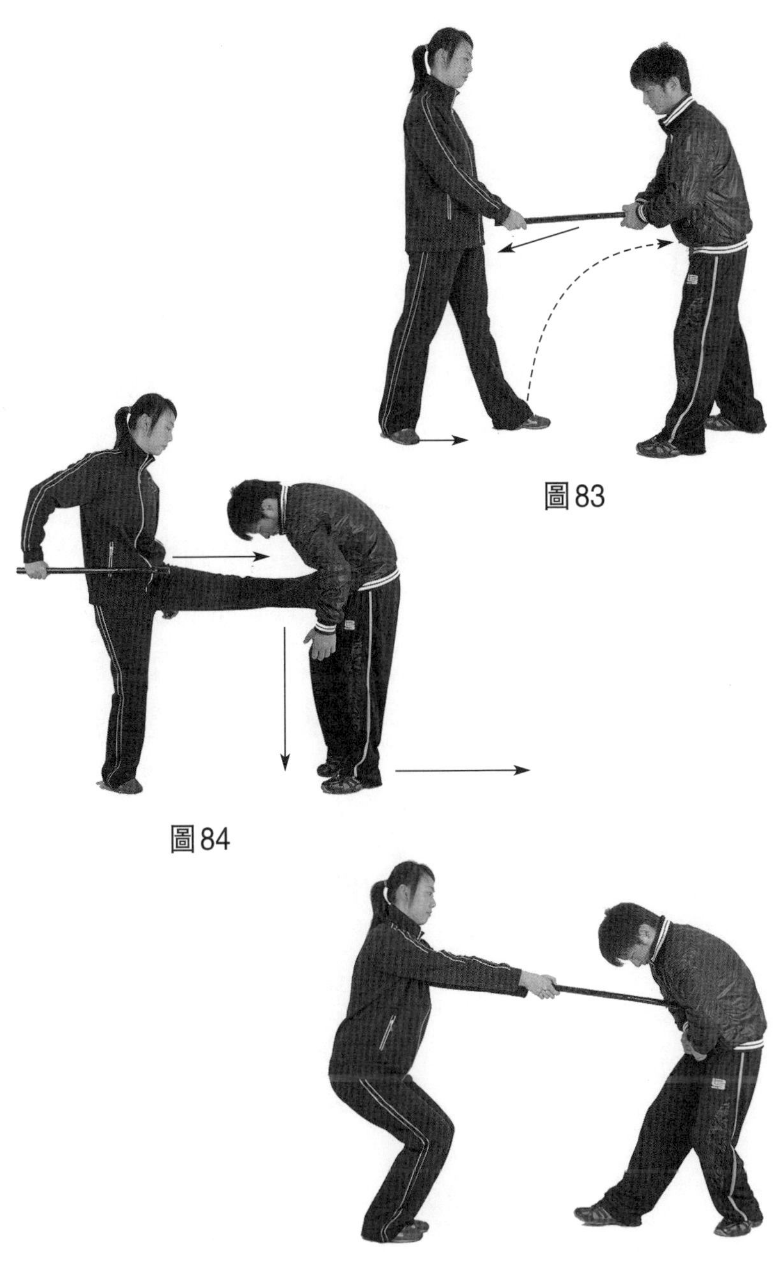

圖83

圖84

圖85

第二段

（十一）架頂側擊

（1）右腳後撤一大步，身體右轉90°，左腿膝關節伸直右腿膝關節彎曲成右弓步；同時右臂平屈肘回收，左手鬆棍翻腕變掌心向下，於胸前右手虎口前握住棍子；目視左前方。上動不停，身體繼續右轉90°，右手鬆棍變拳屈肘上架於額前上方，拳眼向下；左手虎口向前，持棍把端向前方頂出；目視前方。（圖86）

（2）左腳上前一大步，膝關節彎曲成左弓步；左手持棍棍身緊靠前臂外側，隨身體右轉之勢平屈肘於胸前，棍頭斜指前方；同時右手變掌由頭上下落至胸前，掌心向下，虎口向前，與左手虎口相對握住棍身；目視

圖86

左前方。（圖87）

【要點】轉體要快、動作連貫；上架臂與左手頂棍要同時完成。轉體架頂與上步側擊動作銜接要有層次感。

【實用方法】這是一個對付歹徒從身後偷襲的動作。我背面對歹徒，開腳站立，兩臂下垂於體前。當我發現背後有歹徒突然向我攻擊時，我迅速後撤右步，右臂屈肘上架，同時左手背棍，提臂屈肘手腕下壓，用棍柄向前戳擊歹徒喉部。繼而左腳向前一步，左臂屈肘用棍子末端側擊歹徒頭、頸部。（圖88—圖90）

圖87

圖88

圖89

圖90

圖91　　圖92

(十二)壓棍截腿

（1）下肢不動，左臂隨身體左轉之勢稍外展上抬至肩部高度，右手鬆棍變掌，掌心向下手指向前，由左臂下向前伸出。（圖91）

（2）右手腕外旋，手指抓握成拳並翻腕變拳心向上，由前回收至腰間；左手持棍平屈肘由上向下壓至腹前；同時身體重心前移至左腿，右腿抬起，腳尖鉤起小腿外旋，腳內側向前，伸膝關節向前下方蹬出；目視前方。（圖92）

【要點】右手前伸要用力，握拳旋臂回收身體要向右轉，左臂屈肘下壓、右手握拳回收和右腳截蹬要同時完成。

圖93

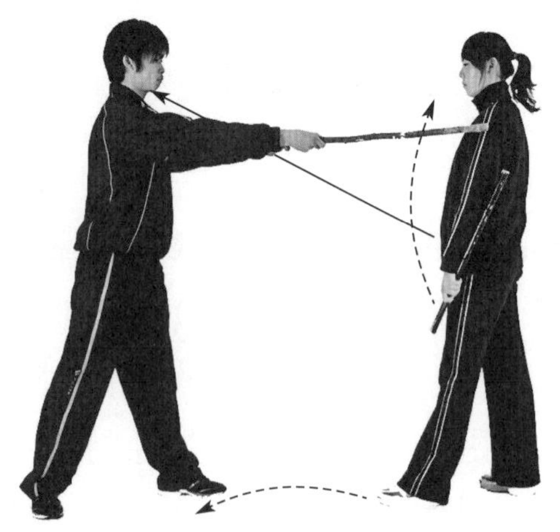

圖94

【實用方法一】

歹徒雙手持械掃劈我身體左側，我左手持棍豎肘向左側防出，右手成掌，掌心向下手指向前，向前伸出，用手指向前戳擊歹徒的頸喉部位。（圖93—圖95）

圖95

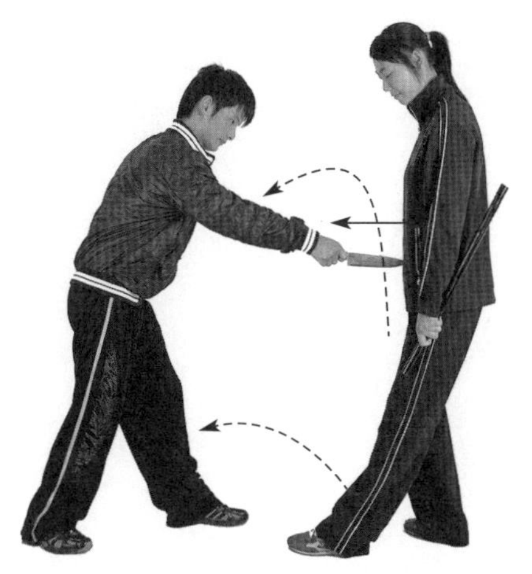

圖96

【實用方法二】

歹徒右手持刀刺向我胸腹部，我右手前伸抓握住歹徒手腕，外旋回收，左手背棍，屈肘下壓在歹徒被反關節的肘部，同時提起右腿腳尖上鉤，小腿外旋，用腳內側截蹬歹徒小腿正面脛骨。（圖96、圖97）

圖97

圖98

(十三)外格衝拳

右腳原地向下震腳落步，緊接著左腳提起向前一大步，膝關節彎曲成左弓步；同時左手持棍由腹前屈肘豎起向外格出，隨即右手握拳由腰間向前旋臂衝出。（圖98—圖100）

圖99

圖100

【要點】左腳向前落地後，身體重心要迅速前移；左臂外格擋的幅度不要過大，以防出身體既可，向外格擋和衝拳要依次完成。

【實用方法】歹徒用械擊我面部，我左手背棍屈肘上提豎棍於胸前，向左外側將歹徒器械格擋出去，隨即我左腳上前一大步，用右拳擊打歹徒面部。（圖101、圖102）

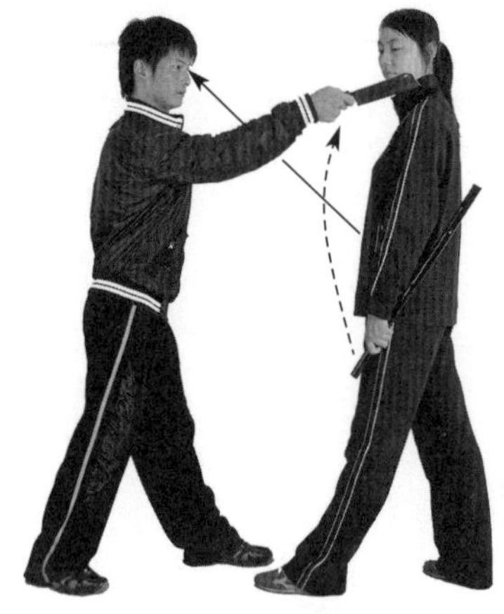

圖101

圖102

(十四)退步防下

重心後移，身體右轉90°，左腳收回落於右腳內側，兩膝關節屈曲半蹲；同時右拳收回到腰間，左手持棍屈肘內旋經體前向下伸直肘關節向外防出；目視左前方。（圖103）

圖103

【要點】左腳回收要快，半蹲身時要立腰；左手外格擋的位置要低。

【實用方法】這是一個防守性動作，我左側對歹徒，歹徒用腿踢或用器械攻擊我左小腿時，我迅速收左腳至右腳旁並屈膝半蹲，左手背棍由前向後將歹徒器械防出。（圖104、圖105）

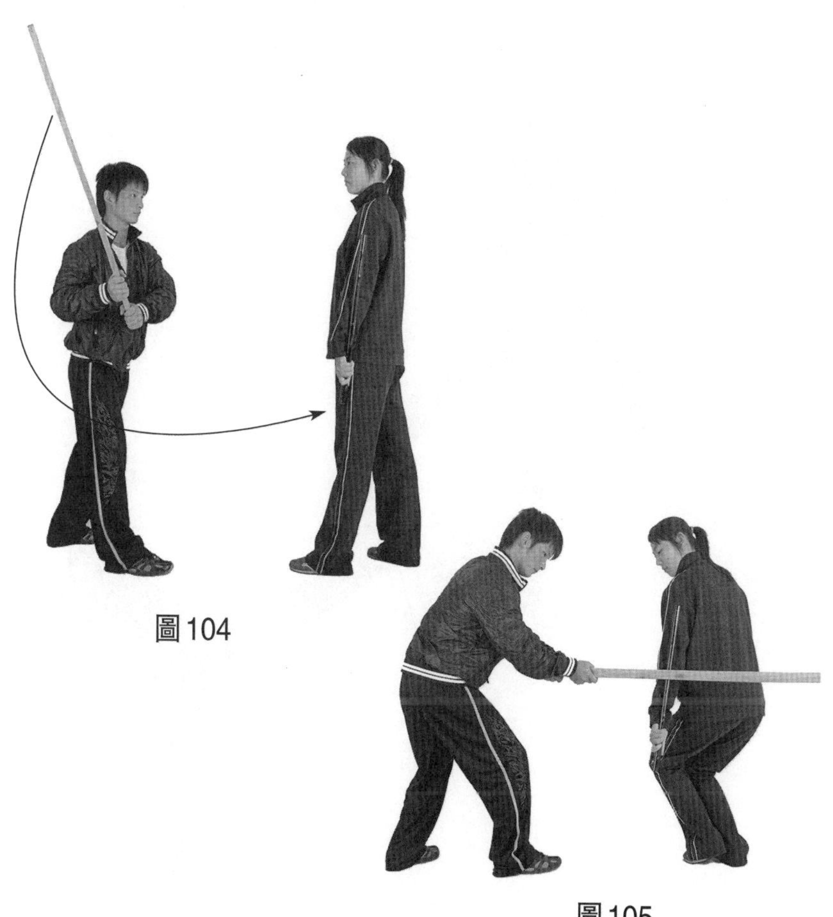

圖104

圖105

（十五）邊腿擺拳

（1）左腳向左前方上一大步，膝關節彎曲成左弓步；同時左手持棍由下屈肘向內、向上、向外格出；目視前方。（圖106）

（2）左膝關節外展，身體重心前移並左轉，右腿提起隨身體左轉之勢向右前上方擺踢；同時右拳由腰間屈肘向後擺出；目視右前方。（圖107）

圖106

圖107

圖108

（3）右腳向前落步，膝關節彎曲成右弓步；左手持棍屈肘收回至腰間；右拳由後方向前擺擊；目視前方。（圖108）

【要點】左手豎棍要直，外格擋到一定位置要制動；擺踢腿要以腰發動，以髖帶腿，擺踢要有力；右腳向前落步要穩，擺拳力要短促。

【實用方法】這是一個防守後再連續進攻的動作。我左腳在前，左手背棍，身體的正面對歹徒。歹徒用器械橫擊我左肩部，我左手背棍屈肘由右內向外格出，接著我提右腿用腳擺踢歹徒左側頭頸部；若擺踢腿擊空，右腳迅速向前落步，右手握拳由右向前擺擊歹徒頭部。（圖109—圖111）

圖109

圖110

圖111

圖112

圖113

(十六)擰腕壓肘

右拳變掌旋腕抓握翻腕拳心向上，並屈肘收回腰間；同時左腳上前一大步，膝關節伸直，身體右轉180°成右弓步，左手持棍屈肘上抬隨身體右轉之勢向右下壓出；目視右前下方。（圖112、圖113）

圖114

【要點】旋腕抓握要快，屈肘回收與向右轉體要同時進行；左手持棍下壓時上體要隨之前傾。

【實用方法】我右側對歹徒，歹徒用拳或匕首刺我胸部，我身體快速向左躲閃，同時我伸右手抓住歹徒右手腕，外旋臂擰腕屈肘回帶，迫使歹徒身體重心前移。接著我身體右轉，右腳後撤一大步，用腳和腿扣別住歹徒的雙腿，左手背棍屈肘上抬至胸前，用棍子中部向右下用力壓砸歹徒肘部，同時身體繼續右轉至180°，將歹徒摔倒在地。（圖114—圖116附圖）

圖115

圖116

圖116附圖

圖117

(十七)轉身頂棍

身體左轉，左腿膝關節彎曲成左弓步；同時右拳鬆開手心向下抓握住左手虎口前棍端，隨身體左轉之勢，向左前方引棍，待身體轉到位後雙手用力向左後方頂出；目視左後方。（圖117）

【要點】轉體要快，後頂棍時要用寸勁。

【實用方法】我左腳在前，雙手體前持棍而立，歹徒從背後抱住我腰部，我猛然屈肘迫使歹徒抱我之臂鬆動，我兩前臂屈肘上抬，右臂前伸遠引，使棍子末端向後，左手滑把靠近右手握於左手虎口前的棍柄上，雙手一齊用力向後頂出，同時身體快速左轉，以加大後頂力

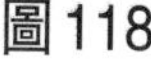

圖118

圖119

量。（圖118、圖119）

（十八）弓步平掃

右腳上前一大步，膝關節彎曲成右弓步；右手持棍從左手中抽出由左向前平掃出，棍高與肩平；左手握拳翻腕拳心向上收回到腰間；目視右前方。（圖120）

【要點】右腳上步要穩，平掃棍的幅度要大，力達棍端。

【實用方法】這是一個以靜制動之招。我兩臂下垂於體前，兩手虎口相對握住棍兩端，右腳在前，左腳在後，身體右側面對歹徒，眼睛看著對方。待歹徒剛要動之際，我突然右腳上前一大步，右手將棍子從左手中抽

圖120

圖121

出，由左向前平掃出，擊打歹徒持械的右手腕。（圖121、圖122）

圖122

圖123

(十九)壓腕前頂

（1）身體稍右轉，右手持棍屈肘回收至腰間，左手前伸拳變掌，掌心向下，虎口向內與右手虎口相對握於棍的另一端。（圖123）

（2）身體左轉180°，左腿膝關節彎曲半蹲，右腿膝關節彎曲下跪著地；隨身體左轉之勢左手持棍收回腰間，右手持棍向前下壓出；目視前下方。（圖124）

（3）身體右轉，左腿伸直，右腿膝關節彎曲成右弓步；兩手持棍向右前方頂出；目視前方。（圖125）

【要點】右手後撤與左手前伸抓握棍的動作要連貫；轉體下壓要快。身體開始右轉時棍要向左後側引；棍向前頂要迅速有力。

圖124

圖125

【實用方法】這是一個被動擒拿，拿後再打之動作。我右手棍在擊歹徒時，被歹徒左手抓住棍子的末端，我右手快速屈肘回收，左手前伸握住歹徒抓棍之手，而後屈肘回帶，左腳後撤，身體左轉，左臂外旋，迫使歹徒的左臂內旋，肘關節伸直成反關節的位置，接著我右手向左前下推壓歹徒的肘關節。（圖126—圖128）

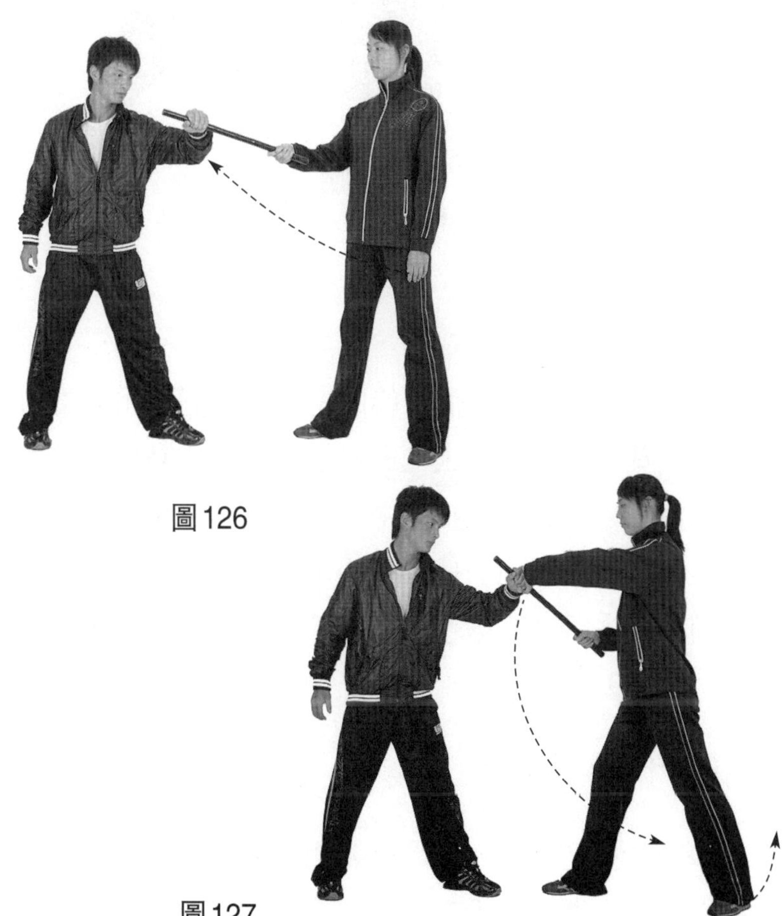

圖126

圖127

圖128

圖129

若我對付的不是一個歹徒的話，就不能只用擒拿方法控制住其中的某一個人，而不進行其他的動作。需要使先拿住的受創失去反抗能力，以便騰出手來對付其他的歹徒。在我制服前一個歹徒後，我迅速右轉體，身體重心前移成右弓步，兩手持棍右手在前，向歹徒腰部頂出。（圖129）

(二十)外格下防

（1）左腳上前一大步，膝關節彎曲成左弓步；雙手持棍左手上舉，右手在下使棍豎舉在體前，隨左腳上

步之勢雙手持棍稍向體右側引動後，向左側格出。（圖130）

（2）身體重心前移，右腿提起，左腿膝關節伸直；右手持棍從左手中向右下方抽出棍的另一端，而後向右下方格出；左手鬆棍後成掌，屈肘至胸前，掌心朝下，手指向右；目視右下方。（圖131）

【要點】外格擋時臂要伸直，下防時提膝要迅速，高度要過髖，身體要稍前傾。

【實用方法】這是一個對付兩個歹徒的防守動作。我面對一歹徒，兩手於體前握住棍子的兩端，分腿自然站立，我左側之歹徒持械擊我左側肩部，我左手在上，右手在下，豎棍向左外側面防出；右側之歹徒又趁機攻

圖130

圖131

圖132

圖133

擊我右下肢，我迅速提右腿，身體右轉，右手持棍由左上方向右下方掃擋歹徒的器械。（圖132—圖134）

圖134

第三段

(二十一)震腳上架

右腳腳尖外展用力下震腳落地，同時左腳迅速提起，身體右轉；右手持棍屈肘經腹前上抬，棍頭斜向左下架於頭前上方，同時左手掌由胸前下按壓至腹前後，擺至體側後方，掌心朝後，手指朝下；眼看左前方。（圖135）

【要點】右腳踏地下震要用力，身體重心起伏不要過大； 右手由下上架要用力。

【實用方法】我正面對歹徒，左腳在前，右手持棍於體側，歹徒持械由上向下劈我頭部，我右手持棍由下

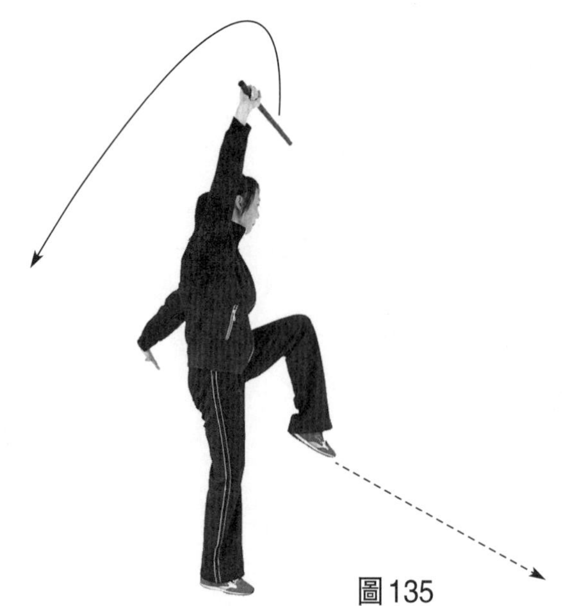
圖135

向上掤架於頭前上方；同時抬起左腳彈踢歹徒襠腹部；目視前方。（圖136—圖138）

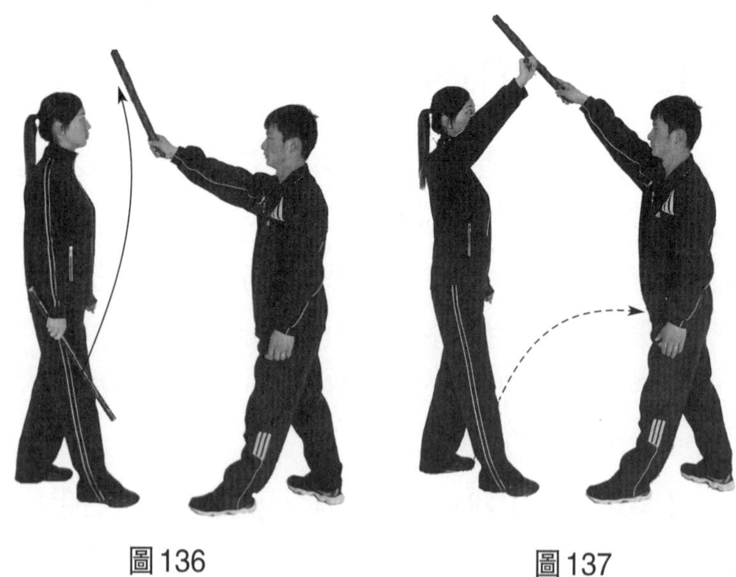
圖136　　圖137

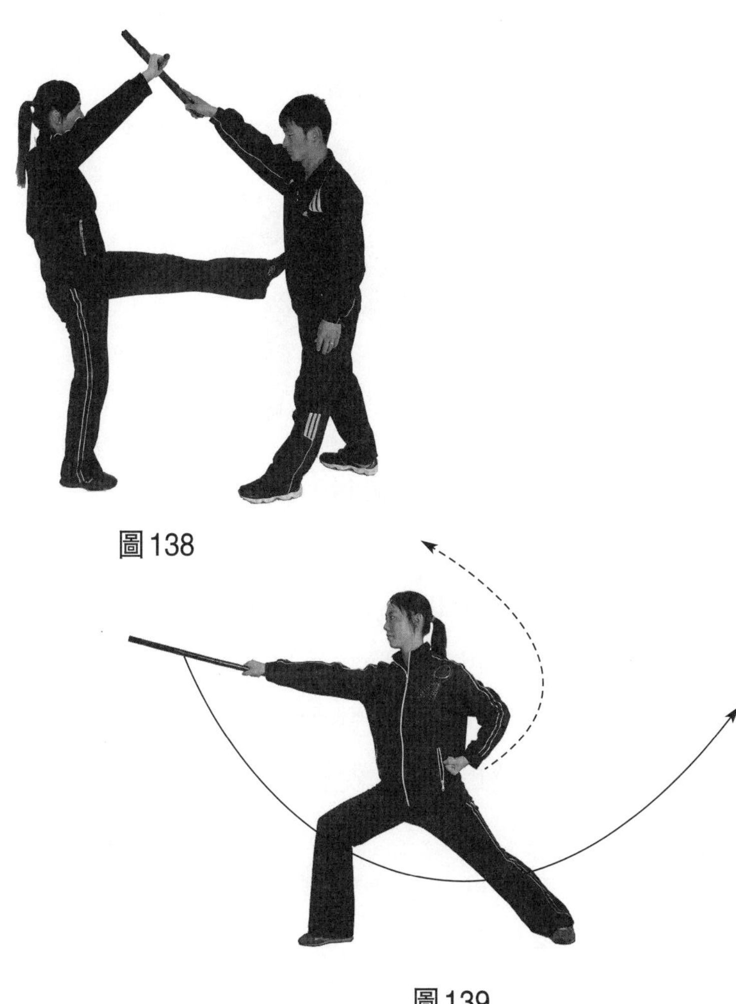

圖138

圖139

(二十二)弓步劈挑

（1）左腳向前一大步落地，身體右轉180°成右弓步；右手持棍由頭上方向右劈出，左掌變拳收回腰間；眼看右前方。（圖139）

圖140

（2）身體左轉180°，左膝關節彎曲成左弓步；右手持棍向下、向左撩起，在經體前時手臂內旋挑腕，使棍頭在前，右臂用力向前上方挑擊；同時左拳變掌由腰間屈肘向上架於頭前上方；目視前方。（圖140）

【要點】右轉身劈棍和左轉身撩棍與挑棍要連貫完成，挑棍勁要達棍頭。

【實用方法】這是一個對付兩個歹徒的連環動作。在我右側的歹徒舉械欲劈擊我頭部，我突然上右步，右手持棍由左經上向右劈擊其頭部；這時我左側的歹徒會乘機用械劈擊我身體左側，我快速向左轉身，左臂屈肘上架住歹徒的器械，右手持棍由下向上挑擊歹徒腹部或下頜。（圖141—圖143）

圖141

圖142

圖143

(二十三)上步劈棍

（1）下肢不動，軀幹稍向左轉；右手持棍向左下方掃劈，同時左掌由頭前上方下落至左腰側，手心朝前下方，拍擊右前臂內側；目視左下方。（圖144）

（2）右腳上前一大步，膝關節彎曲成右弓步；右手持棍由左下方向上、向前劈出；左手握拳翻腕使拳心向上收於左腰間；目視前方。（圖145）

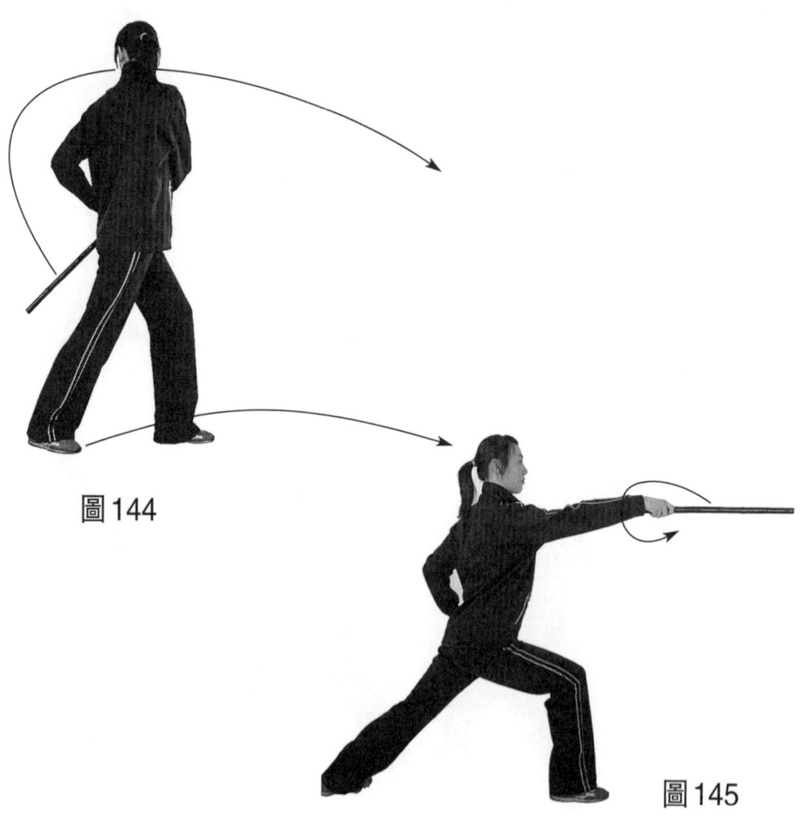

圖144

圖145

【要點】棍向左下方劈掃時，手腕要有向外的撐力；棍至體側時要有所制動，掃棍與劈棍動作要連貫完成，劈棍時力達棍端，高與肩平。

【實用方法】歹徒用器械掃擊我左腿部，我右手持棍，由體前向左下格防出，然後我右腳上前一大步，右手棍由左後向上、向前劈擊歹徒頭頸部。（圖146—圖148）

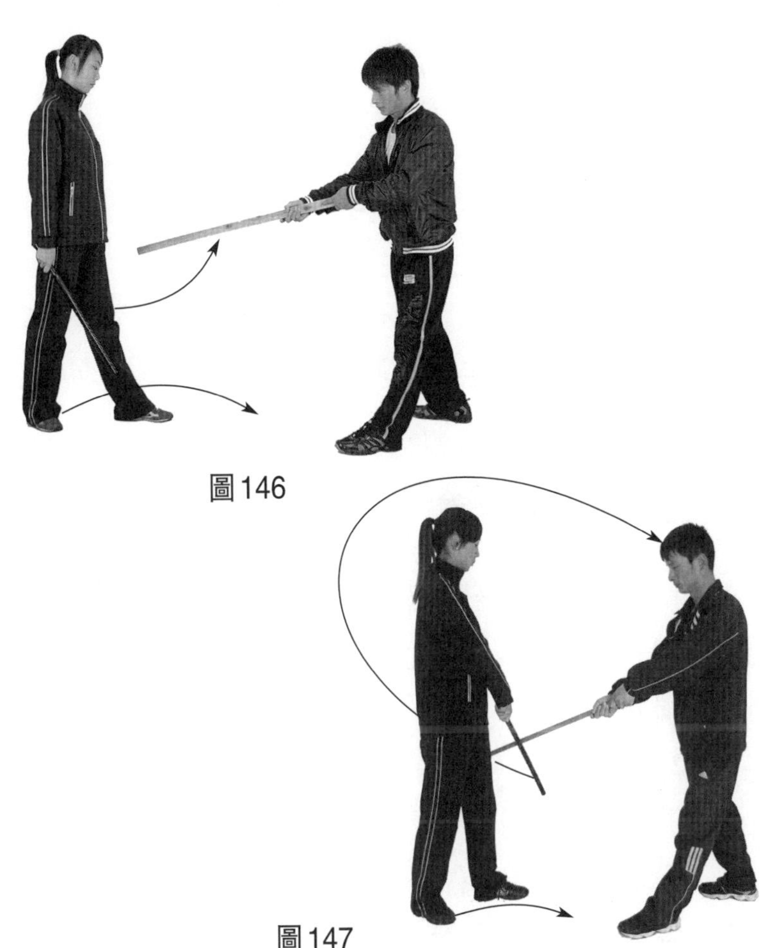

圖146

圖147

圖148

註：在單手持棍防守歹徒掃腿時，為避免歹徒的器械打在我防守的棍子上造成間接傷，為增加防守力度，我左手應附在右手腕處，以增加外撐力量。

（二十四）纏腕彈拳

（1）右手持棍坐腕使棍梢向左，接著右臂屈肘，同時前臂外旋，使握棍手心向上，棍梢由左向右畫一立圓。（圖149）

（2）身體稍右轉，左手從右臂下伸出，手心向下抓握住棍子，兩手用力下壓並回收。（圖150、圖151）

（3）身體左轉，右腳尖內扣，兩腿膝關節彎曲半蹲成馬步；右手鬆棍握拳，手心向內，屈肘於胸前，然

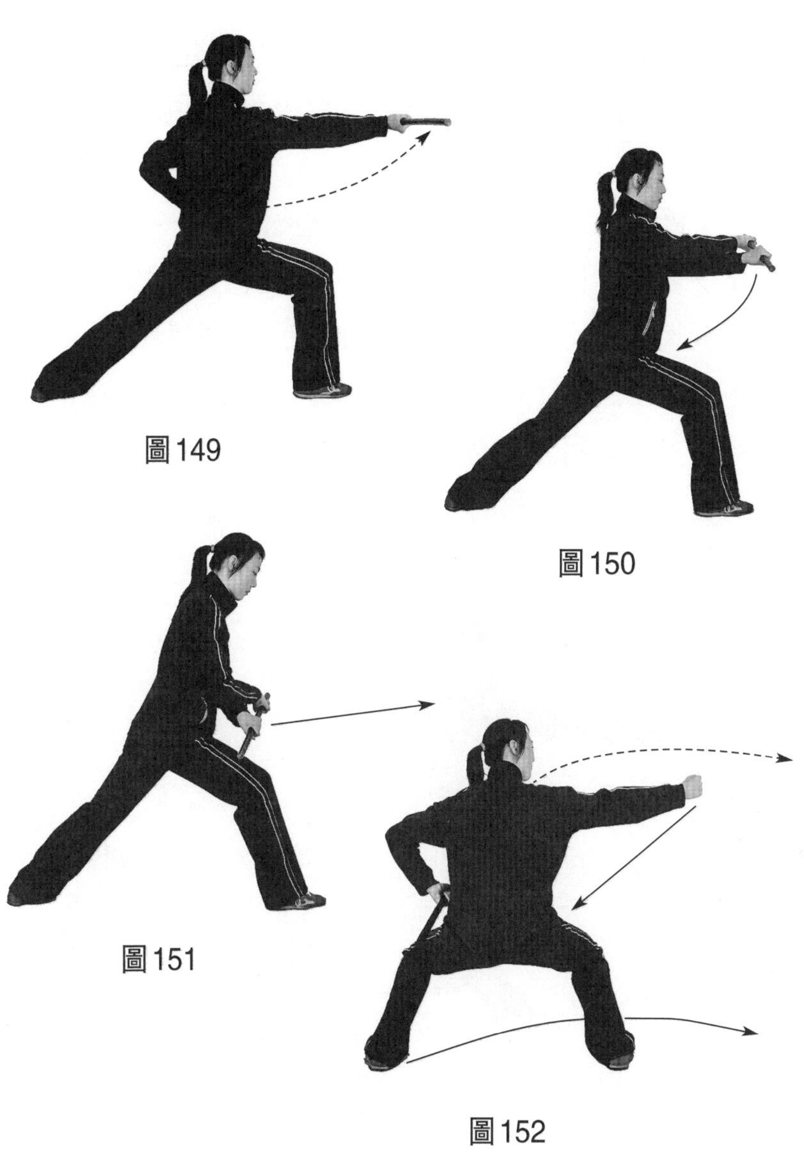
圖149
圖150
圖151
圖152

後右拳拳眼向上由胸前向右側彈擊；左手持棍，手心向內、棍頭朝後下收於腰間；目視右前方。（圖152）

【要點】右手坐腕、屈肘、旋臂動作要連續完成；左手由下穿出的抓握位置要靠近右手；右手反彈拳要以腰發力，力達拳背。

【實用方法】這是一個典型的擒拿動作。我右手持棍擊歹徒時，被歹徒右手抓住手腕，我右手用力屈肘回收，同時手臂外旋，右手棍橫壓在歹徒握我的手腕之上，我左手由右手前臂下穿出，握住棍子靠近歹徒手腕的部位，兩手用力下壓並稍左轉體，將歹徒握我手腕之手扣壓在我右手臂和棍子之間（圖153—圖155附圖）。

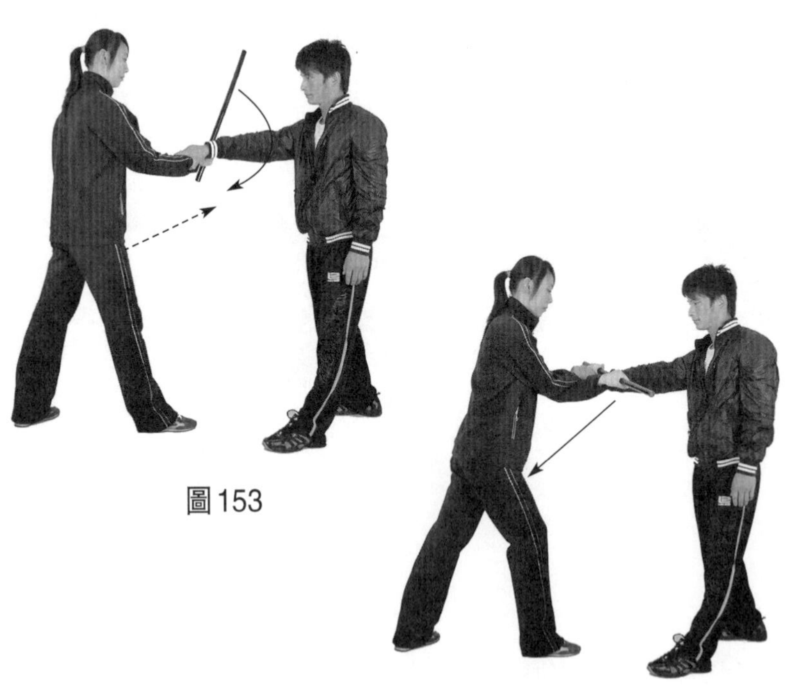

圖153

圖154

如遇歹徒較多，為防止受到其他歹徒的攻擊，我兩手用力壓別歹徒手腕後，右手放開棍子握拳收於胸前，而後用拳背彈擊歹徒面部。（圖156）

圖155

圖155附圖

圖156

(二十五)弓步肘擊

(1)身體右轉90°，左腿蹬直成右弓步，左手持棍隨身體右轉之勢由腰間向上抬起，右手由拳變掌屈肘回收，在腰腹側拍擊左手棍把端，使棍子從左手中向後滑竄。(圖157)

(2)左腳上前一大步，膝關節彎曲成左弓步；左臂屈肘由左向前擊出，力達棍端；同時右掌由左向前、向右旋腕抓握成拳，屈肘收回腰間；目視前方。(圖158)

【要點】右手拍擊左手棍把端時用力要適度；上步抓握時掄臂要與轉體同時進行，左臂肘擊時要等左腳落穩後，再由腰部發力擊出。

圖157

圖158

【實用方法】我左手背後持棍，右腳在前面對歹徒而立，歹徒右手持匕首攻擊我腹部。我含胸收腹，右腳後退半步，右手掌心向外、虎口向前抓握歹徒右手腕，身體右轉，右手將歹徒右臂向右後領帶。接著我左腳上前一步，左臂抬起屈肘，隨身體右轉之勢，帶動前臂向前，用左手棍末端側面擊打歹徒頭部。（圖159、圖160）

圖159

圖160

(二十六)震腳架勾

（1）身體重心前移，右腳提起向前至左腳旁而後用力踏腳下震，同時左腿提起；左手持棍屈肘下壓至腹前，右拳由腰間向後引拉；目視前方。（圖161）

（2）左腳向前一大步落地，膝關節彎曲成左弓步；左手持棍前臂稍外旋，屈肘上架於頭前上方；同時右臂屈肘，右拳拳心向上，由腰間向前上方勾擊；目視前方。（圖162）

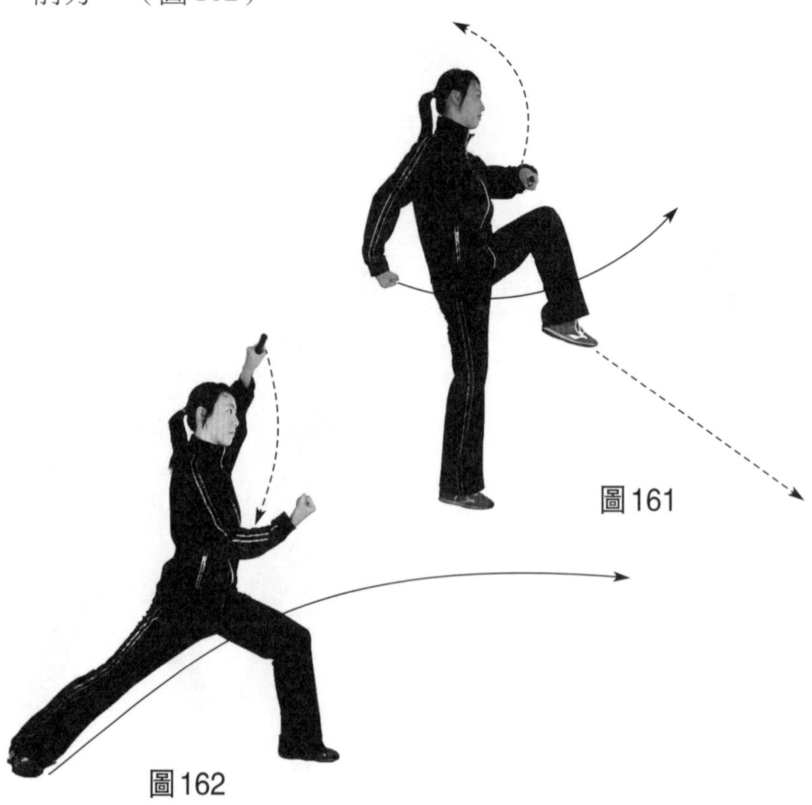

圖161

圖162

【要點】身體重心前移要快，右腳跟步下震要有力，左腿上提與左手下壓動作要協調連貫；上架棍與右手勾擊動作要一致。

【實用方法一】

我左手背後持棍面向歹徒而立。歹徒用右拳擊我面部，我右手前伸抓握住歹徒右手腕，右臂用力外旋，屈肘回收，迫使歹徒臂內旋前伸，隨即我左臂屈肘上提，由胸前向下壓住歹徒肘部，迫使歹徒身體前傾，繼而我提右腿用膝關節撞擊歹徒胸部或面部。（圖163—圖165）

圖163

圖164

圖165

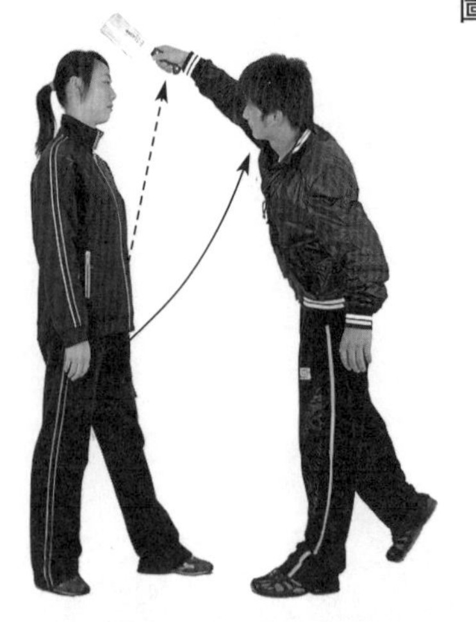

圖166

圖167

【實用方法二】

歹徒用器械由上向下劈擊我頭部時，我左腳上前一大步，左臂屈肘上舉，用左手背棍上架掤住歹徒器械，右手握拳向前上勾擊歹徒腹部或下頜。（圖166、圖167）

(二十七)側踹跪擊

（1）身體向左轉體90°，身體重心前移，左腿膝關節伸直，右腿提膝，腳尖勾起內扣，用腳底部位向右側猛力踹出；同時左手持棍屈肘下落至腹前稍左部位，手心向內；右手屈肘內收，手心向內握於左手虎口前棍端；左手滑向棍的另一端；目視右前方。（圖168）

（2）身體向右轉體90°，重心前移，右腳向前落步，膝關節彎曲半蹲，左腳向前跟進半步，腳尖著地屈膝跪地；在上步的過程中左手要向棍梢部位滑動，緊握棍梢端；在左腳向前跟進的同時，兩手持棍向前頂出；目視前方。（圖169）

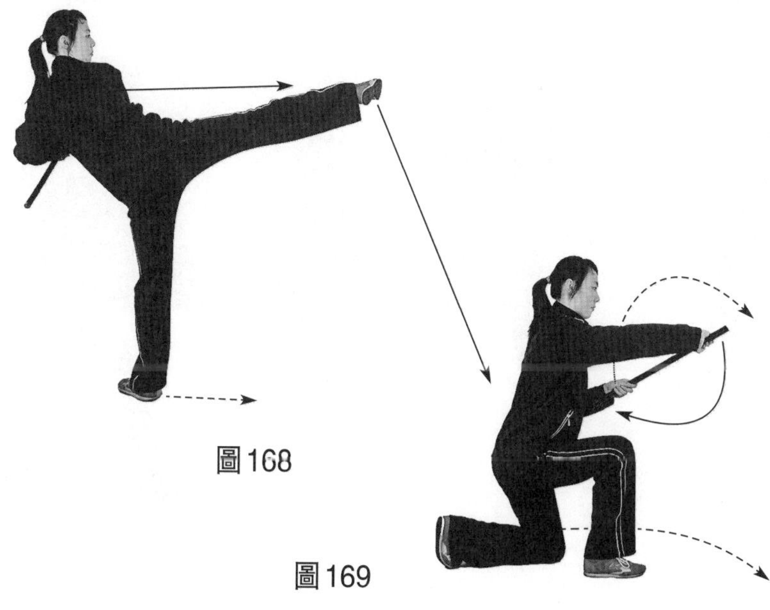

圖168

圖169

【要點】踹腿時屈膝上提要高，隨身體左轉踹腿要快速有力，力達腳跟；跪腿前擊時，左腿跟步要快，左手滑把要適度；戳棍時棍要隨身體重心前移向前頂出，力達棍把。

【實用方法】這是一個連續擊歹徒的動作。我左腳在前，左手背棍，正面面對歹徒。歹徒用器械由右擊我左側，我左手背棍由內向外防出，接著我身體左轉抬起右腿向前踹擊歹徒腹部，為防止腿擊落空，我右腿緊接著向前落步，左腳再快速跟進落於右腳旁，屈膝半蹲，同時右手接握左手棍端，兩手持棍向前戳擊歹徒腹部。（圖170—圖172）

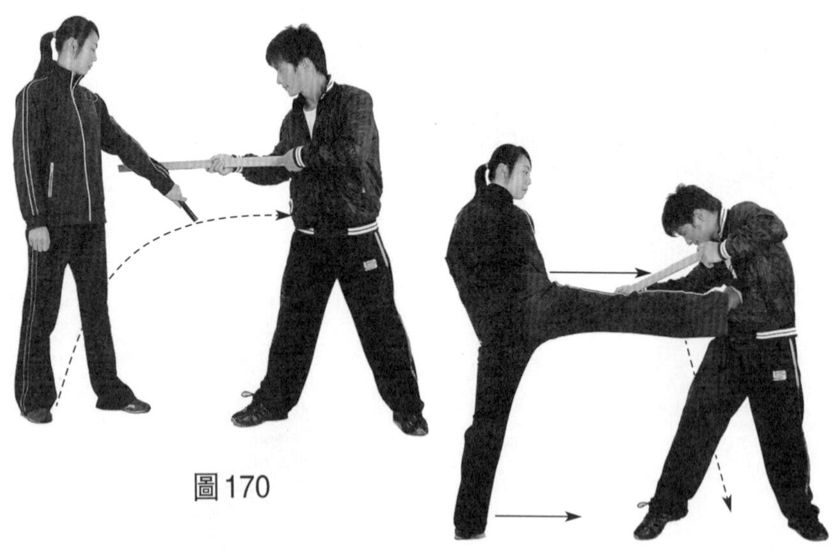

圖170

圖171

(二十八)上步前點

左腳向前上半步，膝關節稍彎曲，腳尖點地；右手持棍屈肘回收，前臂外旋使棍上豎，同時左手持棍上抬，在上抬的過程中鬆棍再握於棍的中部，虎口與右手虎口方向相同；兩手合力使棍梢端由上向前點擊。（圖173）

【要點】前點棍時要與左腳上步協調一致，倒手換把要快，前點棍力達棍梢。

圖172

圖173

【實用方法】這是一個被抓解脫反擊的動作。歹徒右手抓住我持棍的右手腕，我右手臂旋外用棍把端別壓歹徒抓我之手腕，同時我左手握棍的中部，隨右臂的翻轉，雙手合力向前擊打歹徒面部。（圖174、圖175）

圖174

圖175

(二十九)進步上挑

身體重心前移，左腳全掌著地，膝關節稍彎曲，右腳上前半步腳全掌著地，膝關節稍彎曲；左手持棍由棍中部滑向棍把端，同時屈肘回收至胸前，右手鬆棍翻腕掌心向前握於棍的中部，兩手合力使棍梢端由下向前上方挑擊；目視前方。（圖176）

【要點】上挑棍要與右腳上步協調一致，倒手換把要快，上挑棍時右手上挑與左手下壓要協調用力，上挑力達棍把。

【實用方法】我兩手持棍於體前，左腳在前正面面對歹徒。歹徒用器械由右擊打我左側，我左手在上、右手在下豎棍向右外側格擋住歹徒械具，而後我右腳上前

圖176

一步，右手快速換手虎口朝棍把端握於棍的中段，左手向左下下壓並前送，同時右手持棍向上抬起，用棍的把端挑擊歹徒的下頜。（圖177—圖179）

圖177

圖178

圖179

圖180

(三十)轉身戳棍

右腳尖裏扣，身體左後轉體180°，左腳後退一步，膝關節伸直成右弓步；隨身體左轉之勢，雙手均向棍把端滑動，左手滑把至棍中間，右手滑動至棍把端，兩手持棍屈肘回收貼近身體左側，隨身體的轉動，將棍梢端從左肘下用力後戳；目視左後側。（圖180）

【要點】轉身後戳棍時雙手滑把要快，撤步、轉身和戳棍要一起完成，力達棍梢。

【實用方法】歹徒從我背後偏左側位抱住我的腰部，我身體猛然左轉，同時我兩手握棍，由左腋下穿出，隨身體左轉之勢向後戳擊對方腹部。（圖181、圖182）

圖181

圖182

第四段

(三十一)外格下劈

(1) 身體右轉180°，左腳向前跟半步，膝關節伸直，腳尖外撇；右手鬆棍換成虎口向左，掌心向下再握於棍端，同時從左手中抽出棍子，手臂外旋使棍子上豎並向右側格出；目視右前方。(圖183)

(2) 身體繼續右轉，左腳向前一步，腳尖內扣，兩腿膝關節彎曲成馬步；同時左手向前伸出，在身體右側包握右手，兩手持棍上舉至頭上方，隨身體重心下降之

圖183

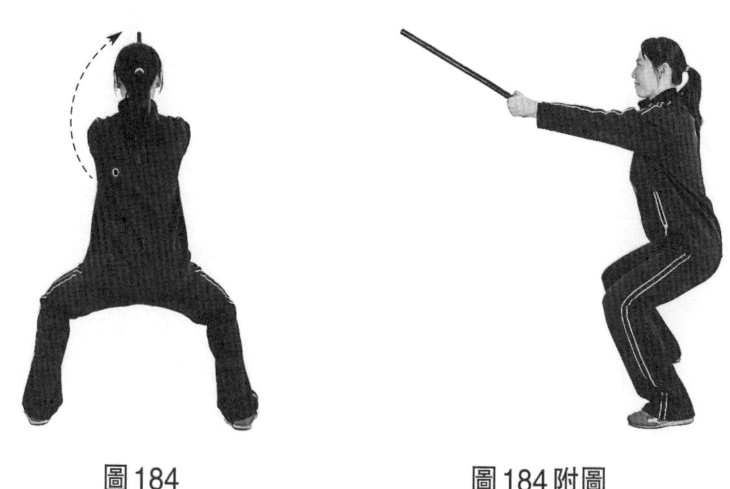

圖184　　圖184附圖

勢向前劈擊；目視前方。（圖184、圖184附圖）

【要點】右手外格至右肩外側時要有突然的制動，

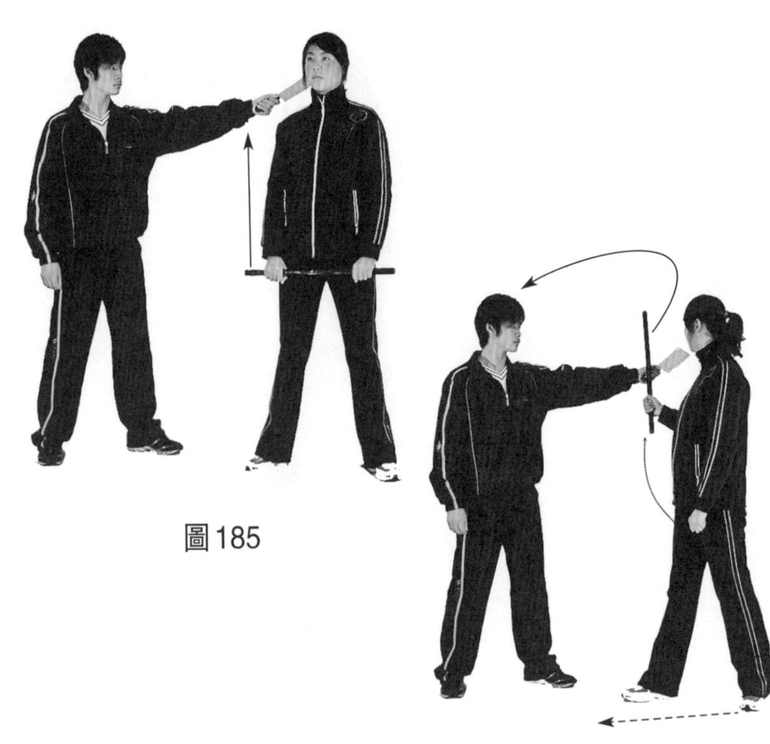

圖185

圖186

雙手下劈棍時要與馬步動作協調一致，同時完成，力達棍前部。

【實用方法】我右側面對歹徒，歹徒用器械攻擊我右額部，我右手持棍屈肘上舉，由體前向右外格擋，緊接著我身體右轉，左腳左前上步，與歹徒成正面相對，我右手棍在將歹徒器械防出後，隨身體右轉上舉，左手也隨之上舉，在頭頂前上方左手握住右手背，兩手用力由上向前下方劈擊歹徒頭部。（圖185—圖187）

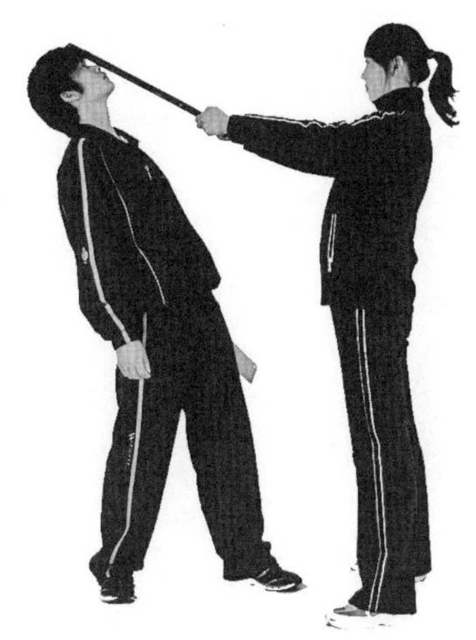

圖187

(三十二)防打別臂

（1）身體重心抬起，膝關節伸直，兩腳位置不變；左手鬆棍，右手持棍回收至腰間；左手手心向外虎口與右手虎口相對，抓握住棍梢端。（圖188、圖188附圖）

（2）右手鬆開棍子變拳，拳心朝上收於腰間；左臂屈肘外旋使左手心朝上，棍梢指向左前方；同時身體左轉90°，左腿彎曲，右腿蹬直成左弓步；眼看左前方。（圖189）

（3）右手鬆拳變掌，手心朝下經腹前向左前方伸出，虎口與左手虎口相對，抓握住棍的把端；同時右腳

圖188

圖188附圖

圖189

向前一大步，右腿彎曲，左腿蹬直成右弓步；眼看右前方。（圖190）

圖190

【要點】左手脫手再握要快，左臂外旋轉腕棍要走立圓，在左臂外旋轉腕的同時身體要向左轉，繼而右腳上步與右手前伸要同時進行，右手握棍後要用力下壓。

【實用方法】我右手持棍，棍被歹徒右手抓住棍梢端，我左手前伸抓握住歹徒的右手小指部位，將其手固定在棍子上不得使之掙脫，接著右手鬆開棍子，左手緊扣歹徒手指做手臂外旋動作，帶動歹徒的右手臂也跟著外旋至重心不穩身體後仰。繼而我右腳向左前方上一大步，至歹徒的右腳跟後；右手前伸由歹徒右臂下穿出，手心朝下抓握住棍的把端；同時身體軀幹配合右手用力前下壓以致歹徒傾倒被制服。（圖191—圖194）

圖191

圖192

圖192附圖

圖193

圖194

(三十三)前後連打

(1) 左手鬆開棍子變拳收回腰間，右手持棍手臂外旋使棍子豎起；身體軀幹抬起並向右轉體，右腳向右

上一大步成右弓步，右手持棍隨身體的轉動，由左向上、向右劈出；目視右側。（圖195）

（2）身體左轉，右腳向左前方上一大步，膝關節彎曲成右弓步；右手持棍由右經下向前撩擊。（圖196）

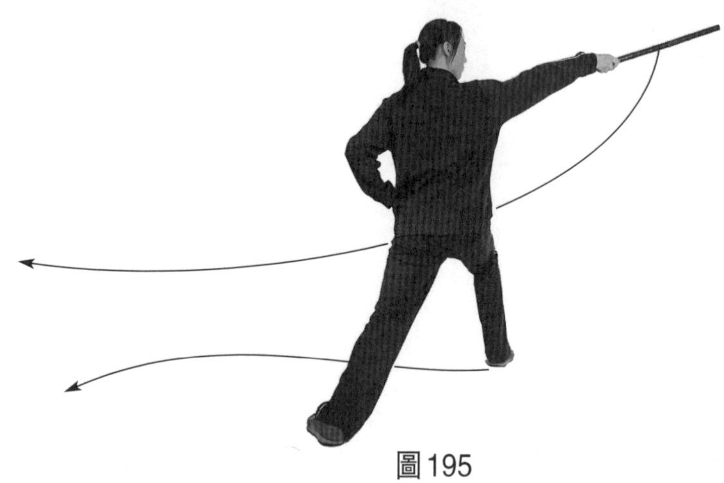

圖195

圖196

（3）身體左轉180°，左膝關節彎曲成左弓步；右手持棍由右向上、向前劈擊，左手拳變掌前伸，手心向上虎口向前，接握右手腕於體前。（圖197）

（4）左腳向右腿後退一步，膝關節伸直腳尖著地，右腳腳尖外撇，膝關節彎曲成弓步；右手持棍由前向下、向後撩出；左臂屈肘使掌心向右、手指向上附於右肩處；目視右後下方。（圖198）

圖197

圖198

圖199

（5）右腳尖裏扣，身體左轉成右弓步；右手持棍由後向下、向前撩擊；左臂屈肘掌心向下，手指向右扶於右前臂中間；目視前方。（圖199）

【要點】撩擊與劈棍時，棍均要靠近身體成弧形運動，整個動作要一氣完成。

【實用方法一】

我雙手體前分握棍，兩腳平行站立，我身體左右各有一個歹徒，我右側之歹徒先用器械擊我身體右側，我右手持棍屈臂上舉，由體前向右外側用力將歹徒器械格擋出，此時我左側之歹徒趁機向我攻擊，我身體迅速左轉180°，左臂屈肘上架歹徒右臂並向外撥出，同時我右手持棍由下向前撩擊歹徒襠部。（圖200—圖202）

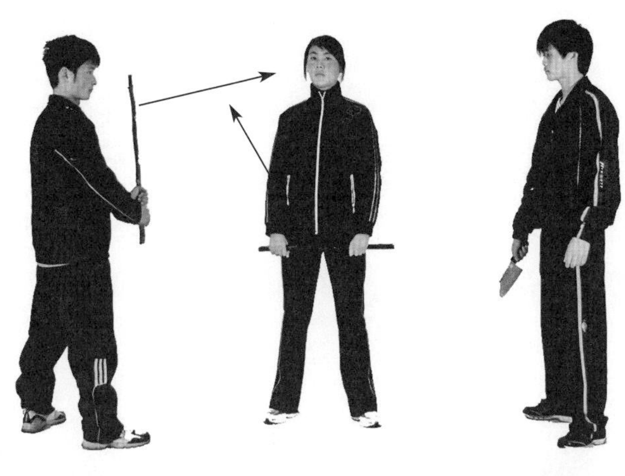
圖200

圖201

圖202

【實用方法二】我站於兩個歹徒之間，兩腳平行站立，我身體左右各有一個歹徒。在歹徒尚未動手之前，我主動出擊，右手棍由上向側劈擊歹徒的頭部；另一歹徒持器械欲攻擊我頭部，我迅速弓身後退，身體向右轉，右手棍由前向下、向後撩擊歹徒襠部。（圖203—圖205）

圖203

圖204

圖205

(三十四)後敲前劈

(1) 右腳蹬地提起後退一步,落於左腳內側,兩腿屈膝成半蹲;右手持棍屈肘回收,同時左手握住右手外側,兩手持棍由右肩上方向後敲擊。(圖206)

圖125

（2）右腳快速後退一大步，左腿膝關節彎曲成左弓步；兩手持棍由右肩上向前劈出；目視前方。（圖207）

【要點】右腳後退併步與收棍向後敲擊要同時完成，棍向後敲擊時，手腕有一個壓腕再屈肘挑腕動作；右腿退步成弓步時速度要快，前劈時要力達棍梢。

【實用方法】這是一個對付前後兩個歹徒的動作。背後之歹徒由後抱住我腰部，我右手持棍屈肘上抬，左手在體前握於右手外側，兩手合力由右肩上方向後敲擊抱腰之歹徒的頭部；這時正面之歹徒趁機上步擊我，我右腳後退一步，右手持棍，再從右肩上方向前劈擊歹徒頭部。（圖208—圖210）

圖207

圖208

圖209

圖210

(三十五)虛步推掌

身體重心後移至右腿，右腿屈膝半蹲，左腳回收半步腳尖點地成左虛步；左手鬆棍成掌，掌心向右，手指向

上，由右手內側沿棍軸向前推出；同時右手持棍回收至體後，棍梢斜下指向地面；目視推掌前方。（圖211）

【要點】身體重心後移與右手持棍回收和左手前推要同時完成；推掌要力達掌根。

【實用方法】歹徒右手抓住我右手棍梢，我身體重心後移，右手屈肘回抽；同時左手由腰間出擊，掌心朝前，沿棍子向前用掌根拍擊歹徒右手，即可解脫。（圖212、圖213）

圖211

圖212

(三十六)後蹬掃棍

(1) 左腳後退一步，落於右腳內側，身體重心移到左腿。(圖214)

圖213

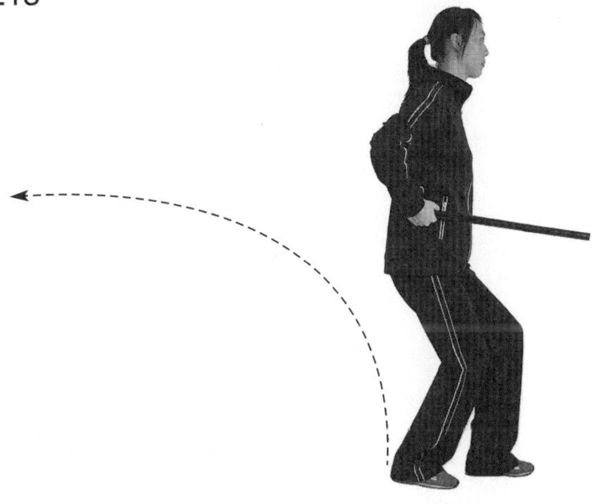

圖214

（2）身體右轉90°，右腿屈膝提起，腳尖鉤起向後用力蹬出；同時左手握拳回收至腰間；目視右後方。（圖215）

（3）右腳向後落步，身體右轉，右腿膝關節彎曲成右弓步；右手棍隨身體重心前移由腰間稍向左側伸出，而後向前平掃；目視前方。（圖216）

【要點】左腳後蹬時提腿要高，後蹬要快速有力，力達腳後跟；右手掃棍時，要與右腳前落協調一致，力

圖215

圖216

達棍前部。

【實用方法】這是一個對付從背後攻擊我之歹徒的動作。右手持棍，自然站立，歹徒持械從背後向我進攻，我上體迅速前弓，身體重心後移，同時提右腿向身背後之歹徒的腹部蹬出。在歹徒被擊後或者是躲開我腿的攻擊之時，我身體右轉，右腳向前落步，右手持棍由左向前掃擊歹徒面部或腰部。（圖217—圖219）

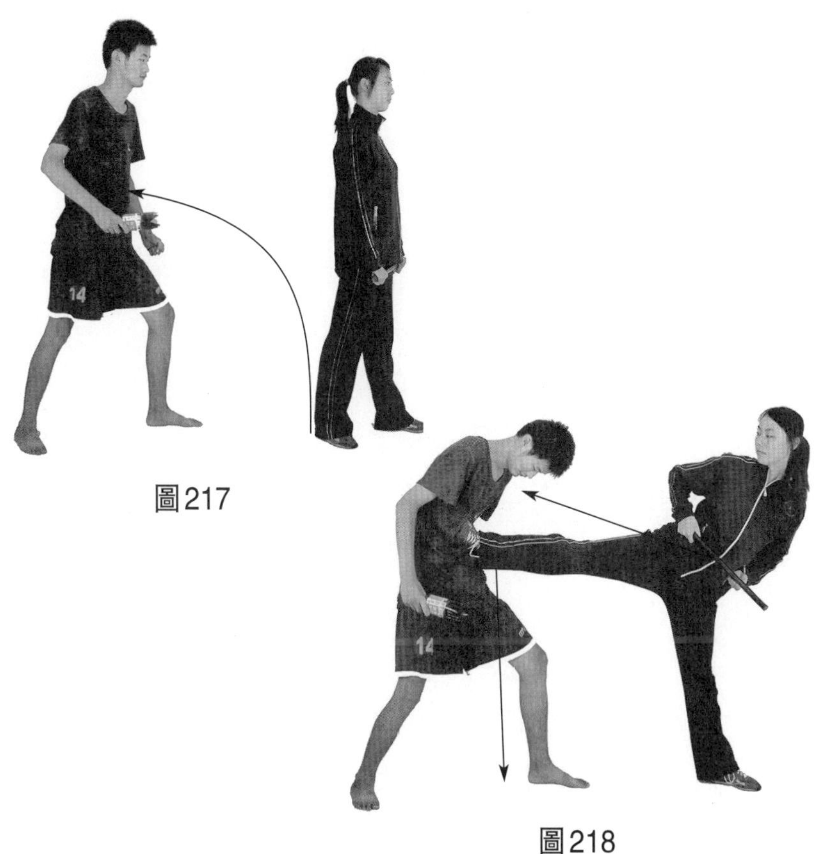

圖217

圖218

圖219

(三十七)擰腕鎖臂

（1）身體重心前移，左腳上前一步，落於右腳內側成右虛步；右手持棍平屈肘回收，左拳變掌，掌心向上，手指向前伸出，握住棍的中間。（圖220）

（2）右手鬆開棍子變掌，肘關節彎曲，手心向左，手指向上由下向上挑起，手指高與頭平；左前臂內旋使虎口向上，持棍屈肘回收至腰間；目視前方。（圖221）

（3）右腳向後退一大步，身體右轉180°，右腿膝關節彎曲成右弓步；隨身體右轉之勢右前臂內旋，使掌心向外隨即向右前下按出；目視右下方。（圖222）

【要點】左腳前跟與左手握棍要同時完成；右手上

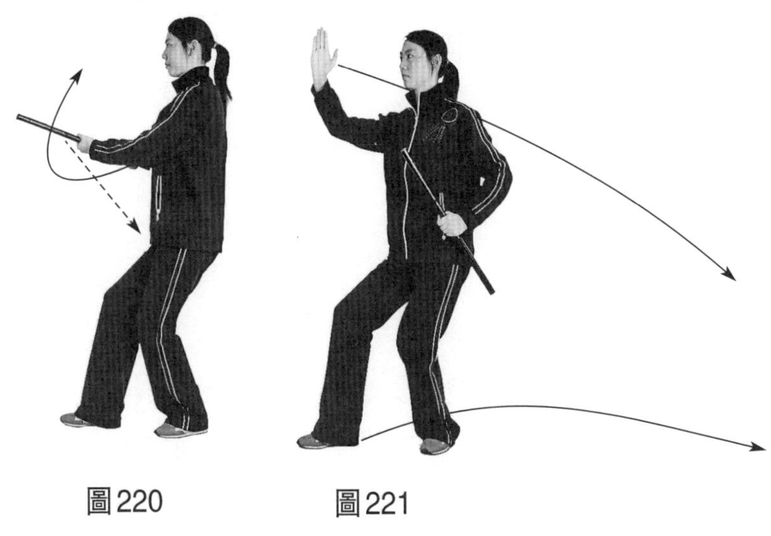

圖220　　圖221

圖222

挑高度要超過頭，隨身體右轉時右側前臂外旋要快，右手下按要有力。

【實用方法】這是一個被動擒拿的動作。在我右手持棍擊歹徒時，被歹徒右手虎口向前，掌心向外抓住棍子中部，我左腳迅速跟進一步，落於右腳旁，同時右手屈肘回撤棍子，左手前伸掌心朝上由下握住歹徒握棍子的右手指，把歹徒手扣握在棍子上並向左下方拉帶，然後我右手鬆開棍子，由下從歹徒右肘彎處向後上穿出，向上挑架歹徒右臂。而後我身體右轉，重心後移，右腳向後撤一大步，同時，左手將歹徒右手固定在左腹前，右手前臂內旋前伸，壓在歹徒肩部，肘關節伸直，左手向前、再向前推頂歹徒右手，將歹徒制拿住。（圖223—圖225）

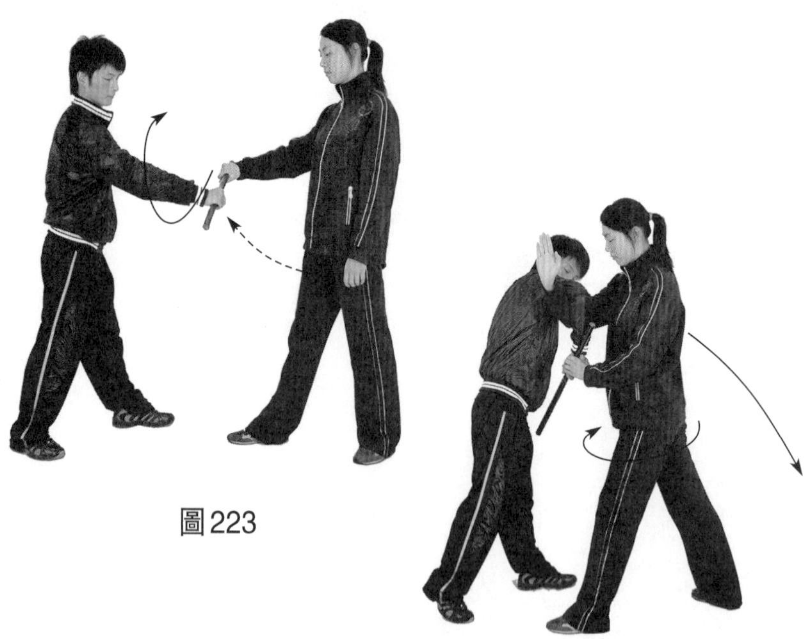

圖223

圖224

圖225

(三十八)彈踢壓頂

(1) 身體左轉，左腿膝關節彎曲成左弓步；左手持棍屈肘上抬豎棍於胸前，隨身體左轉之勢向左外格出；右手握拳收回腰間。(圖226)

圖226

（2）身體重心前移，左腿膝關節伸直，右腿屈膝提起，腳尖繃直向前彈出，隨後膝關節彎曲，小腿迅速收回。（圖227）

（3）右腳在體前落地，左手持棍前伸，右手於體前掌心向下虎口與左手虎口相對握於棍的另一端，上舉至過頭的高度；目視前方。（圖228）

（4）接著兩手向下壓回收至腹前；同時左腿屈膝提起，向前上頂出；目視前方。（圖229）

圖227

圖228

【要點】左臂隨身體左轉時，要屈肘貼身；彈踢腿時右腿要由屈到伸，快起快落；兩手由上下壓與提左膝要同時進行，提膝要高，兩手下壓到腹部。

【實用方法】我左手背後持棍，左側面對歹徒。歹徒持械擊我頭部，我左手持棍屈肘外格，隨之抬起右腿，向前彈擊歹徒襠部或腹部。當歹徒被我踢中後必定有身體向前彎曲護痛的姿勢，我右腳前落步，左手持棍前伸，超過歹徒頭後，右手由歹徒頭的左側握住棍子的另一端，用棍子框住歹徒的頸後部用力下壓，同時我提左腿用膝部向上猛撞歹徒胸部或下頜。（圖230—圖233）

圖229

圖230

圖231

圖232

圖233

(三十九)外格別摔

（1）左腳向前落步，膝關節彎曲成左弓步；兩手持棍前伸，左手在上、右手在下豎棍向右外格出。（圖

234）

（2）右腳上前一大步，身體左後轉180°，左腿彎曲成左弓步，身體前壓；同時兩手持棍隨身體左轉之勢向左收帶，左手收回腰間，右手下壓在腹前；目視左前下方。（圖235）

【要點】雙手豎棍外格要用力，力點在棍中；右腳上步轉體動作要協調，轉體時右手有一上舉前伸動作，以加大轉體幅度。

【實用方法】我兩手持棍於體前，左腳在前正面對歹徒。歹徒用器械由左擊我右側，我左手在上、右手在下豎棍向右外側格擋，而後我右腳上前一大步，落在歹

圖234

圖235

徒右腳的外側；兩手向前伸，左手持棍從歹徒頭上繞過用棍子框住歹徒頸部，兩臂屈肘下壓並回帶，同時我身體猛然左轉，將歹徒摔倒在地。（圖236—圖240）

圖236

圖237

圖238

圖239　　圖240

(四十)上架側劈

（1）下肢姿勢不變，軀幹抬起，兩手持棍上舉橫架於頭前上方。（圖241）

圖241

（2）左手鬆開棍子，右手持棍屈肘下落，同時手臂外旋使虎口向後，棍置於右肩上方，左手握於右手外側，雙手持棍由右向前側平擊；目視前方。（圖242）

【要點】兩手上舉橫架要高過頭；左手鬆手換握棍要快，劈棍力達棍梢。

【實用方法】我兩手持棍於體前，左腳在前正面對歹徒。歹徒用器械由上向下劈擊我頭部，我雙手持棍上舉，於頭前上方架防住歹徒器械。緊接著我左手鬆棍，右手持棍右臂屈肘，舉棍至右肩側時，左手再握住棍子，兩手持棍由右側用力向前平擊歹徒頭部。（圖243—圖245）

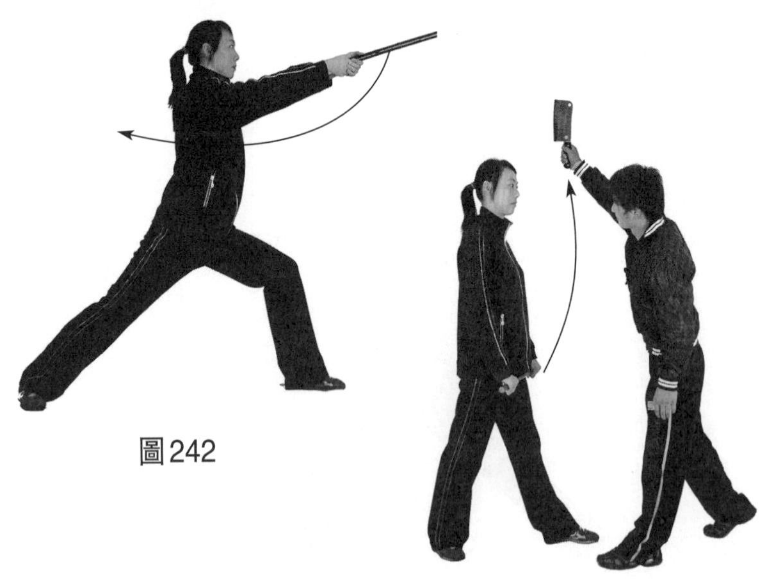

圖242

圖243

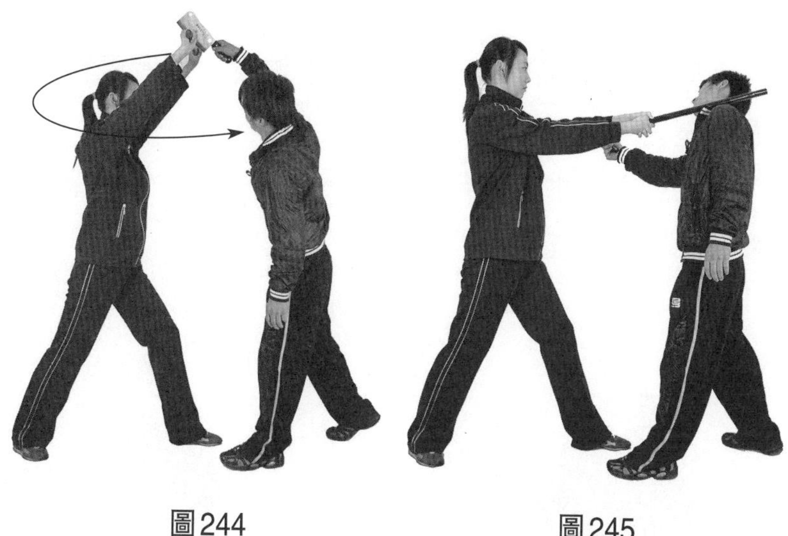

圖244　　圖245

收　勢

圖246

（1）身體重心右移，身體右轉，右臂屈肘回收；左手鬆棍換成掌心朝下，虎口向內，再握棍於右手虎口前，兩臂於胸前屈肘，棍梢指向左前方；目視前方。

（圖246）

（2）右手鬆棍握拳下放，稍屈臂垂於體側；左手持棍壓腕使棍身貼於前臂，稍屈臂於體側；同時左腳收回落於右腳內側成併步；目

視左側方。（圖247）

（3）右拳鬆開，五指併攏朝下伸直，兩臂直臂放鬆垂於體側；目視前方。（圖248）

【要點】左手換握要在重心移動中完成；併步架肘和轉臉要同時完成。

圖247

圖248

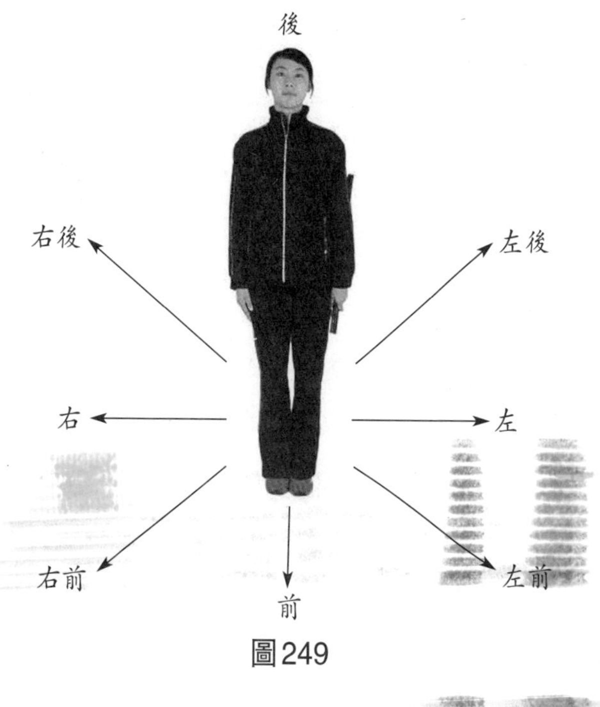

圖249

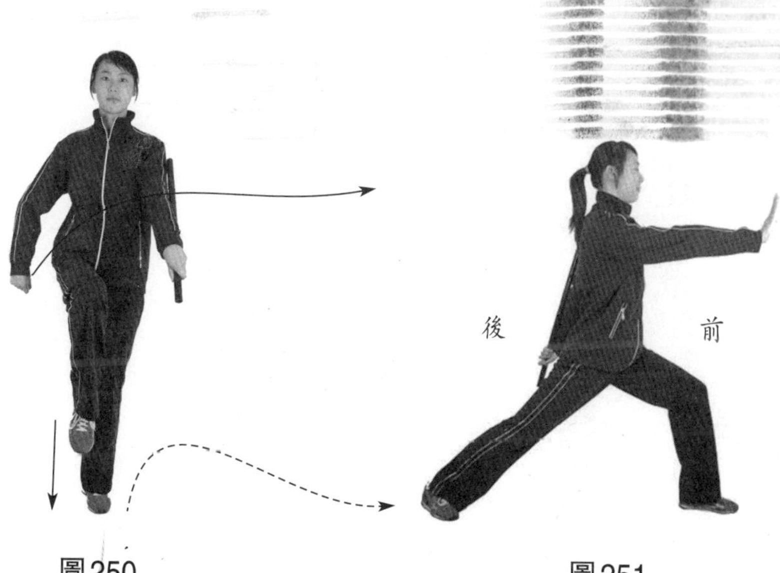

圖250

圖251

(二)圖　例

武術書籍中插圖所描繪的動作分為動勢圖和定勢圖兩個部分。

1. 定勢圖

插圖所描繪的上一個動作的末圖和下一動作的末圖都是定勢圖，例如插圖252至插圖256共5幅圖片，只有插圖252和插圖256是定勢圖。

2. 動勢圖

指兩個定勢圖之間的，用來描述動作姿勢的插圖。一個動作名稱只有一個定勢，例如短棍術套路有四段共

圖252　　圖253

計40個動作名稱，其定勢就應該是40個。不要把分解動作當做定勢，也不可把兩個動作變成一個動作去完成。

明確了定勢圖和動勢圖以後，在學練的過程中，就應明瞭兩個定勢圖之間的過程動作，圖解無論有多少，都要不停頓地連貫完成。例如插圖252至插圖256共5幅

圖254

圖255

圖256

圖片，從弓步劈棍開始的蹬腿前戳動作，就應該從插圖253做起，跳步蹬腿後左腳向前落步，緊接著右腳前跟併步半蹲，兩手持棍用力前戳，4個插圖動作連接起來一氣呵成。

3. 附　圖

在插圖中，有的動作圖解又另加一個附圖，其目的是為了進一步清晰地表達動作或彌補因轉身、背向時造成看不清動作姿勢而附加的圖片。例如防左撩擊動作的第一動，由於身體左轉而形成背向動作，為了看清楚由弓步變成提膝後的右手握棍動作和左手的位置，就增加了一個正面的圖，這樣就可以清楚地看到正面的動作了。（圖257—圖258附圖）

圖257

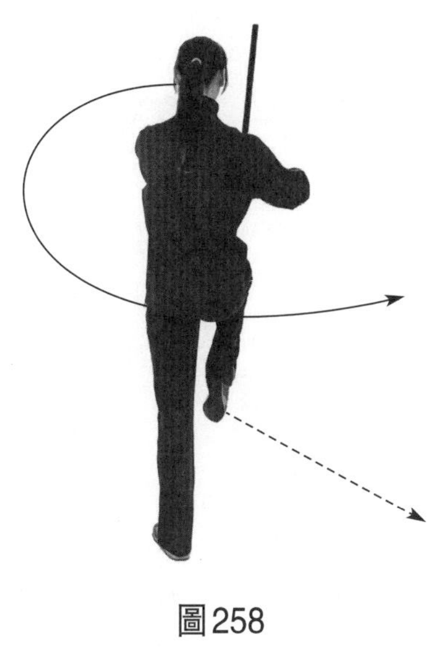

圖 258

圖 258 附圖

(三)運動路線

武術插圖中一般用虛線（------►）和實線（——►）表示該部位下一個動作將要進行的路線。箭頭為止點，箭尾為起點。武術圖書中插圖一般採用的是左上肢和左下肢用虛線表示，右上肢和右下肢用實線表示。例如圖259根據虛實線條的標注路線，由提膝獨立開始，左腳前落成弓步，左臂上舉成頭上架棍，右臂由後向前勾擊，形成弓步架勾拳動作。（圖259、圖260）

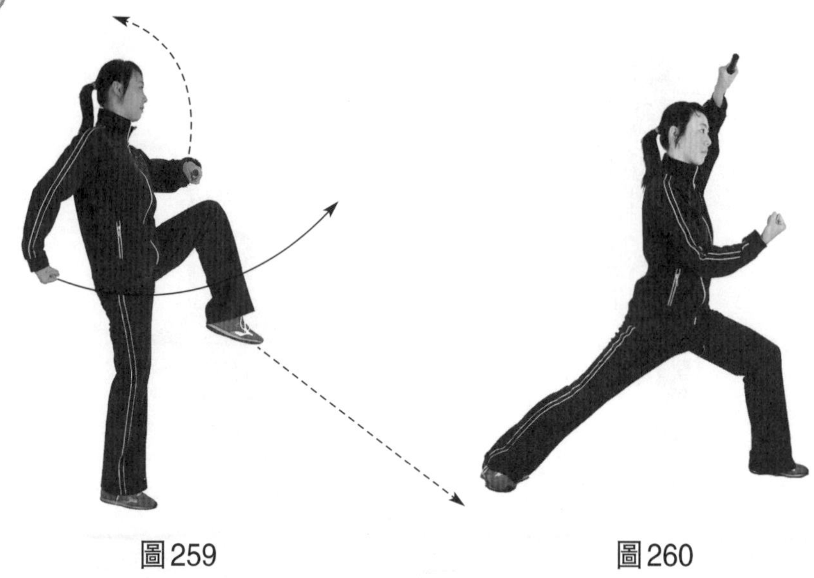

圖259　　圖260

(四)往返路線

短棍術套路是由四段構成，共兩個來回。起勢後是向左進行練習的，第二段向回練習，一般的武術套路基本上都是遵循著單趟向左，雙趟或第2段則轉回原來的右側方向。弄清每段的前進方向之後，即使在前進中有轉身的動作變化，轉身後仍朝著原來的方向前進。這樣每段的方向就不容易搞錯。在學習比較複雜的套路時，每段的前進方向經常變化，這時可採用化整為零的方法，將一段分成若干小節來學習。套路的起勢和收勢應在同一方向，並且位置接近，如果練習中出現方向相反或不能基本還原，說明練習中運動方向出現了錯誤，則應對照圖解，逐一檢查和糾正。

(五)文字敘述

文字敘述過程中，一般先寫下肢（步型、步法、腿法等），繼之寫明運動方向（向前、向後、向左、向右等），再寫上肢動作（手型、手法、持器械方法及運動方法），最後注明目視方向。個別情況下，也有以身體各部位運動的先後順序來寫。另外，短棍術文字說明中有「同時」的寫法，則表示無論先寫或後寫的身體各部位都應一齊運動，如上下肢同時運動，先寫下肢後寫上肢。例如短棍術第二段的壓棍截腿動作，就要求右手握拳回收和左手持棍下壓以及與右腳向前蹬踏同時完成。（圖261、圖262）

圖261

圖262

(六)要領說明

有些短棍術套路圖解中，在動作的後面附有「要領」或「要點」之類的文字說明，提示該動作的技術要領，或者說明應注意之處。例如，後蹬掃棍的動作過程是：

（1）左腳後退一步，落於右腳內側。然後右腿屈膝提起，腳尖鉤起，向後用力蹬出；同時左手握拳回收至腰間；目視右後方。

（2）右腳向後落步，身體右轉，右腿膝關節彎曲成右弓步；右手棍隨身體重心前移由腰間稍向左側伸出，而後向前平掃；目視前方。

後蹬掃棍的要點要求是：左腳後蹬時提腿要高，後蹬要快速有力，力達腳後跟；右手掃棍時，要與右腳前落協調一致，力達棍前部。（圖263—圖265）

圖263

圖264

圖265

因此，在學習短棍術時不光要看懂圖例，還要仔細閱讀文字說明和要領要求，認真領會，只有掌握了要領並反覆練習，才能正確地完成該動作。

二、識圖自學的方法與步驟

(一)識圖自學的方法與步驟

1. 個人自學法

個人自學法是在無人幫助的情況下採用的自學方法。這種方法適合於有一定武術技術基礎和武術基本知識的學生學習。初學者採用此方法時困難較大。其學習方法和步驟如下：

（1）看圖和動作名稱。首先，按照動作的先後順序將3～5個動作畫為一個小節，弄清動作名稱和相應動作圖的運動路線、方向及動作與動作間的銜接關係，然後，將這些動作一一試練、貫串，形成初步的動作概念。

（2）看文字説明。建立起初步的動作概念後，再進一步認真閱讀和理解文字説明，以便掌握正確的技術規格、理解動作細節。也可以透過文字説明來理解。此時可採用邊看邊做的方法，當逐個弄清每小節的各個動作的運動過程後，將這一小節的動作連貫起來進行反覆練習，使之熟練。待逐個動作弄清後，整個一組動作即可進行比較連續的反覆練習。

（3）深化提高。當完成一個小節動作的學習後，應及時參照動作要領和要點進行深化提高。直到基本達到要求後，再進行下一個小節的學習。當前後小節分別掌握後，還應不斷地連貫復習，熟練鞏固，這樣才能收到良好的效果。當下一級的動作也按以上要求掌握後，應將前、後動作連貫復習，熟練鞏固。以此進行下去。

總之，要步步為營，邊學習邊鞏固，不要囫圇吞棗，急於求成。這樣，才能收到良好的效果。

2. 合作自學法

合作自學法是兩人或多人相互配合共同學習的自學方法。這種學習方法有利於培養學生獨立思維、認真鑽研的學習作風，同時又強調了相互幫助、團結協作的精神，消除了依賴心理，達到了共同提高學習效果的目的。這種方法簡單易行，對初學者較為合適。其學習方法和步驟如下：

（1）明確分工。將自學者分為甲、乙兩方。甲的任務是按照文字說明慢速正確地講、讀；乙方的任務是按照甲方講、讀的順序和要求進行練習，並注意記憶。

（2）檢查學習。乙方學習的同時，甲方對照書上的圖解檢查乙方的動作路線和方法是否正確。如果兩者相符，說明學習動作無誤；否則，就應及時查對，找出原因，避免形成錯誤的動力定型。

（3）互教互學。按上述步驟全部學完後，再由乙方教甲方。這樣既簡便又省時，而且不易遺漏動作。

以上兩種自學方法可根據自學者技術情況和環境條件選用，也可結合起來應用。如先用「兩人、多人配合自學法」將套路初步學會，再用「個人自學法」逐個對動作進行校核，以便掌握動作細節，提高動作的準確性。

(二)短棍術識圖自學過程中應注意的問題

（1）學習掌握武術圖解知識，看圖學練武術動作和套路是一個較為複雜的過程，必須由簡到繁，由易到難，先學拳術，後學器械，反覆實踐，才能逐步掌握武術圖解知識的規律。

（2）在學習過程中，應先學會看懂已學過的動作和套路的表示方法，如先學基本功和基本動作，這時就要看懂基本功和基本動作的圖解，為學習複雜動作打好基礎。

（3）遇到複雜動作時，可採用分解學習法，先學上肢動作，再學下肢動作，然後將上、下肢協調配合完成整個動作。

（4）初學套路時，應固定好方向。在沒有熟練掌握套路之前不要經常變換練習位置，否則，容易弄錯方向，不易記憶，影響學習效果。

（5）短棍術套路中的「眼法」是很重要的功法內

容。運動時要做到「眼隨手動」；靜止時做到「目隨勢注」。在圖解文字說明中，通常只寫明瞭靜止時對眼法的明確要求，而對動作過程中的眼法變化卻很少說明。因此，在掌握動作後要特別注重眼法的配合練習。

（6）在短棍術書中的插圖並沒有將身體各部位的動作路線全部用箭頭表示出來。在學練中，要詳細閱讀文字說明，以免漏做或錯做動作。

（7）按照圖解學完一個動作或套路後，還應該瞭解短棍術套路的整體技術風格。而這些在圖解中卻難以表達。因此，在練習中要重視瞭解有關運動特點和技術風格的闡述，探求和琢磨套路中拳理的意義。

三、注意事項

（1）學習短棍術要選擇合適的平坦場地，初學者應選擇安靜的場所，並注意周圍是否有易碎物品等，盡可能地選擇有利於集中注意力的場地為宜。

（2）學練短棍術前要穿著合適的訓練服裝和運動鞋等。在進行訓練時，應將手錶、眼鏡和袋裝物品從身上拿下放在安全處。需特別指出，為避免高幫鞋影響踝關節活動，建議學員穿軟底、低幫運動鞋為佳。在束腰帶時，應以自然適度為準，切勿因過緊而影響到呼吸、放鬆等。

（3）學習短棍術要進行必要的熱身活動，以防止練習過程中肌肉或關節韌帶的受傷。

（4）掌握必備的基本功、基本動作。對於自學者，應在短棍術整套動作學習之前，先掌握它的基本功和基本技術，如棍的基本握法，基本技法，相應的基本手型、步型、手法、步法，器械中的一些主要方法和把法等動作。

（5）學習短棍術應該科學地安排練習時間，有計畫的進行，要持之以恆的鍛鍊，特別要保證訓練不間斷地長期進行。初學者掌握技、戰術實質上是暫時性神經聯繫的建立，是條件反射和動力定型的形成。若訓練中斷，就會使建立起的暫時性神經聯繫逐步減弱、中斷，條件反射減退和消失，影響技、戰術水準的掌握和提高。

（6）在練習短棍術實用方法時，要集中注意力，一要熟練掌握動作，二要嚴肅認真不能開玩笑，要注意動作的規範性，陪練時慢動作輕打擊，要掌握分寸，點到為止，要避免傷害對手。待動作熟練後可以逐步增大打擊力度。

第四節　短棍術的準備活動

短棍術練習之前的準備活動是十分必要的，因為短棍術的學習和訓練需要進行大量的身體活動。透過初步的，由簡單到複雜，由緩慢到快節奏的輕快活動，可以提高中樞神經系統的興奮性，使肌肉內的代謝過程加強，肌肉溫度增高。

體溫調節功能加強，加快了肌肉收縮和放鬆的速度，降低了肌肉的黏滯性，對於因不當活動導致的運動損傷有著極大的預防作用。

準備活動還可以提高內臟器官的機能水準。內臟器官的機能特點之一為生理惰性較大，即當活動開始，肌肉發揮最大功能水準時，內臟器官並不能立即進入「最佳」活動狀態。

在正式開始體育鍛鍊前進行適當的準備活動，可以在一定程度上預先動員內臟器官的機能，使內臟器官的活動一開始就達到較高水準。

另外，進行適當的準備活動還可以減輕開始運動時由於內臟器官的不適應所造成的不舒服感。

一、棍棒操第一套

(一)上肢運動

預備姿勢：直立，兩手體前握棍；

（1）出左腳成開立，同時兩臂前平舉；

（2）兩手持棍胸前屈肘；

（3）兩臂前平舉，還原（1）的動作；

預備勢

1

2

（4）左腳收回，兩臂放下，還原成預備姿勢；

（5）至（8）動作同（1）至（4），唯方向相反。

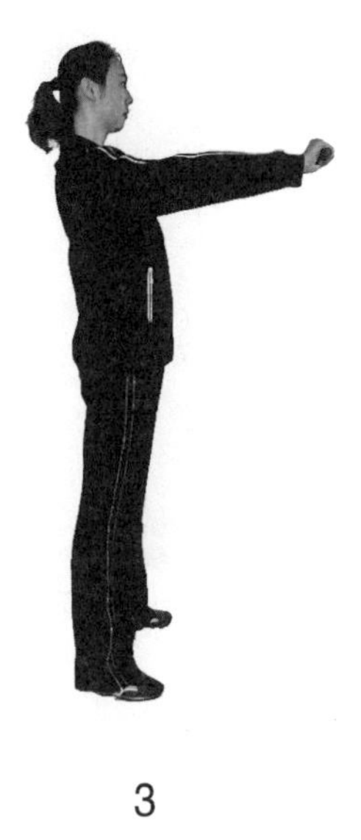

3

4

(二)擴胸運動

預備姿勢：直立，兩手體前握棍；

（1）左腳向前一步，重心前移，同時兩臂上舉；

（2）兩臂前平舉；

（3）還原（1）的動作；

（4）左腳收回，兩臂放下，還原成預備姿勢；

（5）至（8）動作同（1）至（4），唯出腳不同。

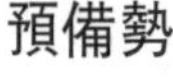

預備勢

1

2

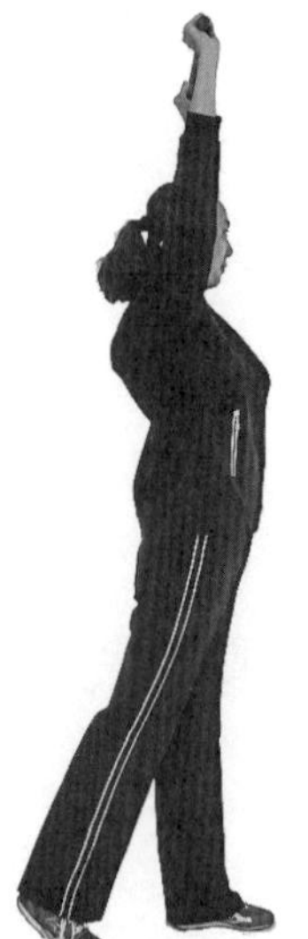

3

4

(三)下蹲運動

預備姿勢：直立，兩手體前握棍；

（1）屈膝半蹲，大腿與地面平行，同時兩臂前平舉；

（2）身體直立，左腳向左一步，同時兩臂上舉；

（3）左腳收回屈膝半蹲，還原（1）的動作；

（4）身體直立，兩臂放下，還原成預備姿勢；

（5）至（8）動作同（1）至（4）。

預備勢

1

2

3

4

(四)踢腿運動

預備姿勢：直立，兩手體前握棍；

（1）左腳向前一步，重心前移，同時兩臂上舉；

（2）右腳腳尖繃直，向前上方踢出，同時兩臂前平舉；

（3）右腳收回原位，兩臂上舉，還原（1）的動作；

（4）身體直立，兩臂放下，還原成預備姿勢；

（5）至（8）動作同（1）至（4），唯出腳不同。

預備勢　　1　　2

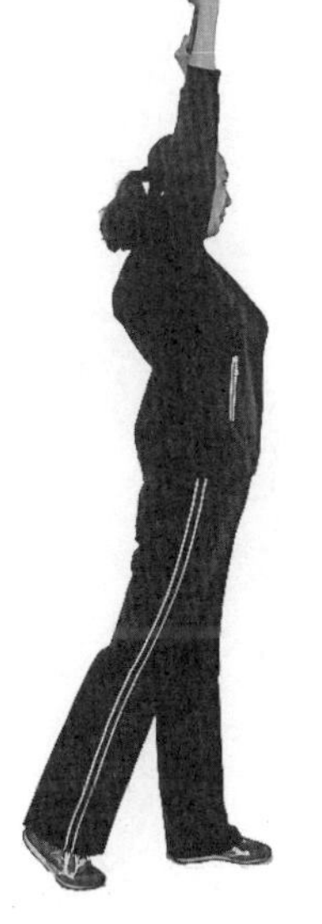

3

4

(五)體側運動

預備姿勢：直立，兩手體前握棍；

（1）左腳向左一步，同時兩臂上舉；

（2）身體向左側屈；

（3）身體直立，還原（1）的動作；

（4）兩臂放下於體前，還原成預備姿勢；

（5）至（8）動作同（1）至（4），唯出腳和側屈方向相反。

預備勢

1

2

3

4

(六)體轉運動

預備姿勢：直立，兩手體前握棍；

（1）左腳向左一步，同時兩臂前平舉；

（2）身體向右轉體；

（3）身體向左轉體，還原（1）的動作；

（4）兩臂放下於體前，還原成預備姿勢；

（5）至（8）動作同（1）至（4），唯出腳和體轉方向相反。

預備勢

1

2

3

4

(七)腹背運動

預備姿勢：直立，兩手體前握棍；

（1）左腳向左一步，同時兩臂上舉；

（2）身體體前屈，兩臂向下垂向地面；

（3）身體直立，兩臂上舉，還原（1）的動作；

（4）兩臂放下於體前，還原成預備姿勢；

（5）至（8）動作同（1）至（4），唯出腳不同。

(八)跳躍運動

預備姿勢：直立，兩手體前握棍；

（1）兩腳跳起成左右開立，同時兩臂平舉；

（2）兩腳跳起成並立，同時兩臂上舉；

（3）兩腳跳起成左右開立，同時兩臂平舉；

（4）兩臂放下於體前，還原成預備姿勢；

（5）至（8）動作同（1）至（4）。

預備勢

1

2

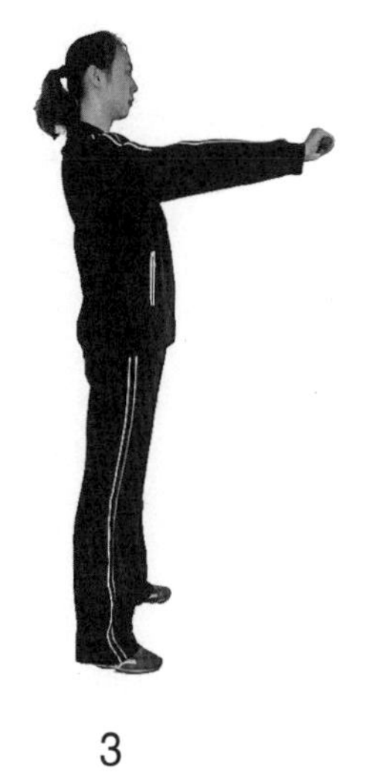

3

4

二、棍棒操第二套

(一)上肢運動

預備姿勢：直立，兩手體前握棍；

（1）出左腳成開立，同時兩臂前平舉；

（2）兩手持棍頸後屈肘；

（3）兩臂上舉，還原（1）的動作；

（4）左腳收回，兩臂放下，還原成預備姿勢；

（5）至（8）動作同（1）至（4），唯出腳不同。

預備勢

1

2

3

4

(二)擴胸運動

預備姿勢：直立，兩手體前握棍；

（1）左腳向前一大步成弓步，同時兩臂前平舉；

（2）兩手持棍上舉；

（3）兩臂前平舉，還原（1）的動作；

（4）左腳收回，兩臂放下，還原成預備姿勢；

（5）至（8）動作同（1）至（4），唯出腳不同。

預備勢

1

2

3

4

(三)下肢運動

預備姿勢：直立，兩手體前握棍；

（1）出左腳成開立，同時兩臂前平舉；

（2）兩手持棍體前下放，同時右腿屈膝提起，膝關節由兩手之間上抬；

（3）右腿放下，兩臂上舉，還原（1）的動作；

（4）左腳收回，兩臂放下，還原成預備姿勢；

（5）至（8）動作同（1）至（4），唯提腿不同。

預備勢

1

2

4

(四)體側運動

預備姿勢：直立，兩手體前握棍；

（1）出左腳成開立，同時兩臂上舉；

（2）兩手持棍頸後屈肘；

（3）身體向右側屈1次後還原成（2）的動作；

（4）身體向右再側屈1次後還原成（2）的動作；

（5）身體向左側屈1次後還原成（2）的動作；

（6）身體向左再側屈1次後還原成（2）的動作；

（7）兩臂上舉，還原（1）的動作；

（8）左腳收回，兩臂放下，還原成預備姿勢。

預備勢

1

2

第二個八拍動作同第一個八拍動作，唯出腳和側屈不同。

3–4

5–6

7

8

(五)體轉運動

預備姿勢：直立，兩手體前握棍；

（1）出左腳成開立，同時兩臂上舉；

（2）兩手持棍頸後屈肘；

（3）身體向右轉體1次後還原成（2）的動作；

（4）身體向右再轉體1次後還原成（2）的動作；

（5）身體向左轉體1次後還原成（2）的動作；

（6）身體向左再轉體1次後還原成（2）的動作；

（7）兩臂上舉，還原（1）的動作；

（8）左腳收回，兩臂放下，還原成預備姿勢。

預備勢　　1　　2　　3–4

第二個八拍動作同第一個八拍動作，唯出腳和體轉方向相反。

(六)全身運動

預備姿勢：直立，兩手體前握棍；

（1）出左腳成開立，同時兩臂上舉；

（2）身體體前屈，兩臂向下垂向地面；

（3）屈膝半蹲，大腿與地面平行，同時兩臂前平舉；

（4）身體直立，左腳收回，兩臂放下，還原成預備姿勢；

（5）至（8）動作同（1）至（4），唯出腳方向相反。

預備勢

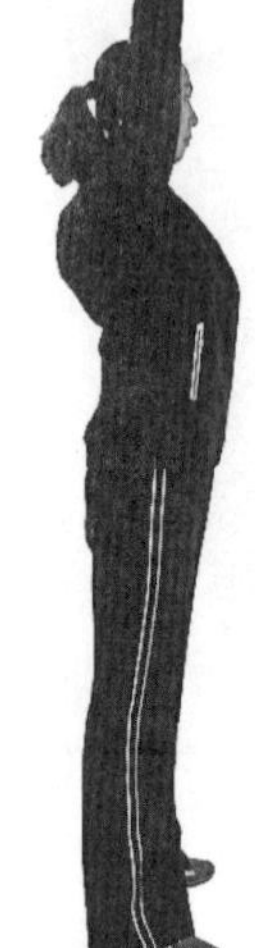

1

2

3

4

(七)仆步運動

預備姿勢：直立，兩手體前握棍；

（1）左腳向左一大步成左弓步，同時雙手持棍成左臂平舉，右臂胸前屈肘；

（2）身體重心右移，右腿屈膝全蹲，左腿平鋪伸直成仆步，同時雙手持棍成右臂右上屈肘，左手右膝內側下握棍；

（3）身體重心起，仆步變弓步，還原（1）的動作；

（4）左腳收回，兩臂放下，還原成預備姿勢；

（5）至（8）動作同（1）至（4），唯出腳方向相反。

預備勢

1

2

3

4

(八)跳躍運動

預備姿勢：直立，兩手體前握棍；

（1）兩腳跳起左腳向後擺起，同時兩臂上舉；

（2）右腳蹬地跳起向後擺，同時兩臂收於體前；

（3）左腳蹬地跳起向後擺，同時兩臂上舉；

（4）（6）（8）動作同（2）；

（5）（7）動作同（3）；

（8）右腳放下兩臂收於體前，還原成預備姿勢。

預備勢　1、5　2、6

3、7　4、8　8

三、棍棒操第三套

(一)上肢運動

預備姿勢：直立，兩手體前握棍；

（1）出左腳成開立，同時兩臂上舉；

（2）兩手持棍頸後屈肘；

（3）兩臂上舉，還原（1）的動作；

（4）左腳收回，兩臂放下，還原成預備姿勢；

（5）至（8）動作同（1）至（4），唯出腳方向相反。

預備勢

1

2

3

4

(二)體轉運動

預備姿勢： 直立，兩手體前握棍；

（1）出左腳成開立，同時左手握棍側平舉；

（2）身體向右轉體；

（3）身體向左轉體，還原（1）的動作；

（4）左腳收回，兩臂放下，體前握棍，還原成預備姿勢；

（5）至（8）動作同（1）至（4），唯出腳、握棍手不同和方向相反。

預備勢
1
2
3
4

(三)體側運動

預備姿勢：直立，兩手體前握棍；

（1）出左腳成開立，同時左手握棍側平舉；

（2）左手持棍上舉，身體向右側屈；

（3）身體直立，還原（1）的動作；

（4）左腳收回，兩臂放下，雙手體前握棍，還原成預備姿勢；

（5）至（8）動作同（1）至（4），唯出腳、握棍手不同和方向相反。

預備勢

1

2

3

4

(四)弓步壓腿

預備姿勢：直立，兩手體前握棍；

（1）左腳向前一大步成左弓步，左手支撐膝關節處，右手持棍撐於地面，同時身體下振；

（2）至（8）身體各下振1次。

第二個八拍身體右後轉體180°，棍換到左手，身體隨節拍，每拍各下振1次。

預備勢

還原

(五)仆步壓腿

預備姿勢：直立，兩手體前握棍；

（1）左腳向左一大步，左腿屈膝全蹲，右腿平鋪伸直成仆步，雙手持棍平置於體前地面，同時身體下振；

（2）至（8）身體各下振1次。

第二個八拍身體重心右移成右腿屈膝全蹲，左腿平鋪伸直成左仆步，同時身體隨節拍每拍各下振1次。

預備勢　1–8　2–8　還原

(六)踢腿運動

預備姿勢：直立，兩手體前握棍；

（1）左腳向左一大步成左弓步，同時雙手持棍成左臂平舉，右臂胸前屈肘；

（2）右腿直膝繃腳尖向左側上方踢出，同時雙手持棍向右側平擺，成右臂平舉，左臂胸前屈肘；

（3）右腳收回成左弓步，還原（1）的動作；

（4）左腳收回，兩臂放下，還原成預備姿勢；

（5）至（8）動作同（1）至（4），唯出腳、踢腿方向相反。

預備勢

1

2

3

4

（七）腹背運動

預備姿勢：直立，兩手體前握棍；

（1）左腳向前一大步成弓步，同時兩臂上舉；

（2）身體重心後移，右腿屈膝，左腿伸直，身體前屈，兩手持棍向下觸及左小腿；

（3）身體重心前移，成左弓步，兩臂上舉，還原（1）的動作；

（4）左腳收回，兩臂放下，還原成預備姿勢；

（5）至（8）動作同（1）至（4），唯出腳不同。

預備勢

1

2

3

4

(八)跳躍運動

預備姿勢：直立，兩手體前握棍；

（1）兩腳跳起成左右開立，同時兩臂持棍上舉；

（2）兩腳跳起成並立，同時兩臂持棍頸後屈肘；

（3）兩腳跳起成馬步，同時兩臂持棍上舉；

（4）兩腳跳起成並立，兩臂放下收於體前，還原成預備姿勢；

（5）至（8）動作同（1）至（4）。

預備勢

1

2

3

4

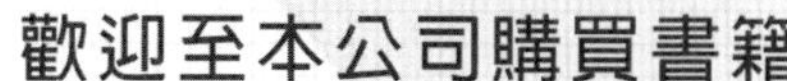

東華街二段
東華街一段
公車站
往北投、淡水
1 ▶2 捷運石牌站2號出口
往明德站(台北方向)
西安街二段
西安街一段
公車站
資源回收
榮光公園
水果店
西安街一段293巷
吉品食坊
往榮總、天母
石牌國中
石牌路一段166巷
瑞興銀行
石牌路一段
自強街
致遠公園
公車站
大展品冠
致遠一路二段12巷
石牌國小
7-11
全家便利商店
致遠二路
致遠一路二段
致遠一路一段
陽信銀行
頂好超商
7-11
郵局
華南銀行
公車站
石牌路一段
自強街
公車站
石牌公車站
石牌派出所
往北投、淡水
承德路七段
文林北路
石牌公車站
承德路六段

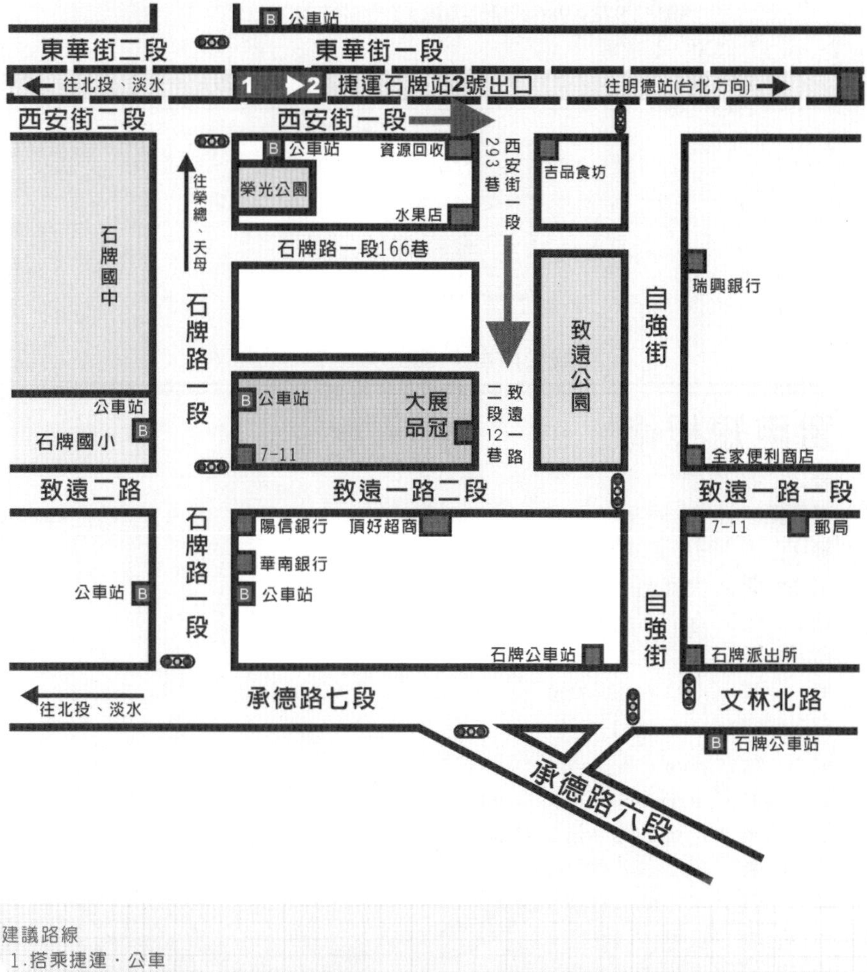

建議路線

1.搭乘捷運・公車

淡水線石牌站下車，由石牌捷運站２號出口出站(出站後靠右邊)，沿著捷運高架往台北方向走(往明德站方向)，其街名為西安街，約走100公尺(勿超過紅綠燈)，由西安街一段293巷進來(巷口有一公車站牌，站名為自強街口)，本公司位於致遠公園對面。搭公車者請於石牌站(石牌派出所)下車，走進自強街，遇致遠路口左轉，右手邊第一條巷子即為本社位置。

2.自行開車或騎車

由承德路接石牌路，看到陽信銀行右轉，此條即為致遠一路二段，在遇到自強街(紅綠燈)前的巷子(致遠公園)左轉，即可看到本公司招牌。

國家圖書館出版品預行編目資料

實用短棍術 ／ 劉勇　李春木　著
——初版，——臺北市，大展，2014〔民103.09〕
面；21公分 ——（實用武術技擊；31）
ISBN　978－986－346－038－1（平裝；）
1.武術　2.中國
528.974　　103013297

實用短棍術

著　　者／劉　勇　　李春木
責任編輯／朱曉峰
發 行 人／蔡森明
出 版 者／大展出版社有限公司
社　　址／台北市北投區（石牌）致遠一路2段12巷1號
電　　話／（02）28236031・28236033・28233123
傳　　眞／（02）28272069
郵政劃撥／01669551
網　　址／www.dah-jaan.com.tw
E－mail／service@dah-jaan.com.tw
登 記 證／局版臺業字第2171號
承 印 者／傳興印刷有限公司
裝　　訂／承安裝訂有限公司
排 版 者／弘益電腦排版有限公司
授 權 者／北京人民體育出版社
初版1刷／2014年（民103年）9月

定價／200元

大展好書　好書大展

品嘗好書　冠群可期